TOEICテスト英文法プラチナ講義

TOEIC is a registered trademark of Educational Testing Service (ETS).
This publication is not endorsed or approved by ETS.

濱﨑潤之輔 監修　ジャパンタイムズ 編

プラチナセンテンス　MP3音声無料ダウンロード

The Japan Times

音声ファイルのダウンロードの方法

この本に対応する音声ファイル（MP3 形式）は、以下の URL より無料でダウンロードすることができます。

http://bookclub.japantimes.co.jp/platinum

※ブラウザのバージョンや端末の状況によって、時間がかかる場合がございます。
※音声ファイルは ZIP 形式に圧縮されていますので、ソフトなどで解凍したうえでご利用ください。

はじめに

TOEICテスト攻略の要は文法です。
文法問題、語彙問題、そして読解問題。
リーディングセクションと対峙する際に、絶対的な武器となるのが文法の知識なのです。

『TOEICテスト英文法 プラチナ講義』は日本と韓国で刊行されているETS (Educational Testing Service)公認の公式問題集をはじめとする書籍を徹底的に分析して作られました。
1200問以上の文法問題と語彙問題を文法項目別に分類し、登場頻度も解析。
TOEICテストに出題される文法事項を、名詞と動詞を軸にわかりやすく整理し、まとめました。
もちろんすべての例文、使用する単語＆フレーズ、そして章末の問題には、細心の注意を払い、完全にTOEICテスト対策に特化したものにしてあります。

「文法用語が難しいので英文法は好きではない」という声をよく聞きます。
本書では「最低限理解して使えるようになってほしい文法用語」を使用しています。
簡単なところでは「修飾する」や「目的語」などの用語です。
イラストや図を多用した講義形式で、このような用語の意味や使いかたもできる限りわかりやすく伝わるように工夫しています。

少しずつで良いので、是非、楽しみながら通読してみてください。
章末問題にもチャレンジしてみてください。
本書に掲載されている単語やフレーズで知らないものと出会ったときには、必ず覚えるようにしてみてください。
付属の音声は、リピーティングやシャドーイングなど音読練習を行う際のお手本としてお役立てください。

本書があなたのTOEICテスト学習における、大切な一冊になりますよう、心から願っています。
一緒にがんばっていきましょう。

濵﨑潤之輔

CONTENTS

音声ファイルのダウンロードの方法　2
はじめに　3
本書の構成と使いかた　6
登場する主なキャラクター　8

Chapter 0
はじめに頭に入れておくこと　9
① 英語の文をカタマリで捉える　10
② 品詞コンシャスになろう　14

Chapter 1
名詞の基本的な使いかた　19
① 主語になる　20
② 目的語になる　23
③ 補語になる　27
④ 人称代名詞　29
⑤ その他の代名詞　34
⑥ 動名詞　38
⑦ 関係代名詞 what　42
プラチナセンテンス　44
章末チェック　48

Chapter 2
単数と複数　57
① 英文中の主語と動詞を見抜く　58
② 単数と複数　60
③ 共に使われる形容詞　64
④ 主語と動詞の一致　69
プラチナセンテンス　75
章末チェック　79

Chapter 3
名詞の修飾　85
① 所有格による名詞の修飾　86
② 形容詞による名詞の修飾　91
③ 現在分詞／過去分詞による名詞の修飾　96
④ 複合名詞　100
⑤ 不定詞（形容詞的用法）　102
⑥ 関係代名詞　104
⑦ 形容詞のもう一つの使いかた　113
プラチナセンテンス　118
章末チェック　121

Chapter 4
動詞で気をつけるべきこと　133
① 基本時制　134
② 進行形と完了形　139
③ 助動詞　146
④ 受動態　149
⑤ 命令文　156

⑥ 仮定法　　　　　　　　　　159
プラチナセンテンス　　　　　163
章末チェック　　　　　　　　169

Chapter 5
動詞や文を修飾する言葉　　181
① 副詞　　　　　　　　　　182
② 比較表現　　　　　　　　190
③ 前置詞　　　　　　　　　198
④ 分詞構文　　　　　　　　204
プラチナセンテンス　　　　　209
章末チェック　　　　　　　　214

Chapter 6
つなぐ言葉　　　　　　　223
① 接続詞　　　　　　　　　224
② 相関接続詞　　　　　　　237
③ 関係代名詞（非制限用法）　241
プラチナセンテンス　　　　　244
章末チェック　　　　　　　　248

Chapter 7
語彙問題で狙われる語句　257
プラチナセンテンス　　　　　260
章末チェック　　　　　　　　318

編集協力：上杉和歌子、森徹、
　　　　　Nicolas Walker
英文校閲：Jude Polzin
イラスト：矢戸優人
カバーデザイン：清水裕久（Pesco Paint）
本文デザイン：萩原哲也（創樹）
DTP組版：創樹
ナレーター：Howard Colefield〈米〉
音源収録：ELEC録音スタジオ

本書の構成と使いかた

本書はTOEICテストでスコアアップを目指すための文法対策書です。
日韓で刊行されているETS公認の公式問題集をはじめとする書籍に収録されている1200問以上の文法・語彙問題を徹底的に分析して作られており、TOEICで出題される文法事項、そして頻出語彙を無駄なく体系的に学習することができます。

本 文

全部で8つのChapterから構成されています（各Chapterは文法項目ごとにいくつかのセクションに分かれています）。Chapter 0はイントロダクションです。また、Chapter 1〜3では「名詞」、Chapter 4、5では「動詞」、Chapter 6では「接続詞」に関する文法事項を、そしてChapter 7では語彙問題で問われる語句を扱っています。

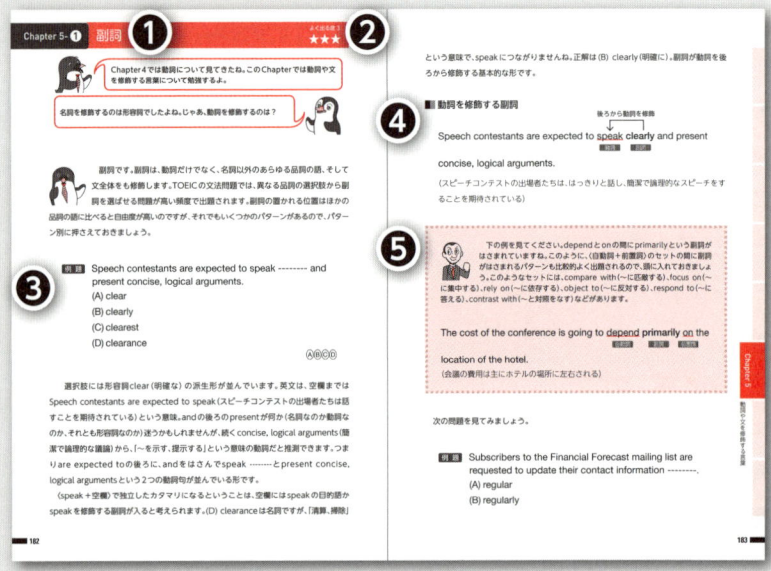

❶文法単元
そのセクションで学習する文法事項です。すぐ下で概要を説明しています。

❷よく出る度
その文法事項が出題される頻度です。
（3…頻出　2…比較的頻出　1…ときどき出題される）

❸例題と解説
それぞれの説明の前に、TOEICで出題されるのと同じタイプの例題が用意されています。

まずは自分で問題を解いてみましょう。そして続く解説を読み、問題の解きかた、考えかたをよく理解してください。

❹構文解説
例題の文構造を図解しています。理解の助けとしてください。

❺コラム
一歩進んだ内容はコラムにまとめてあります。難しいと感じたら、最初は飛ばして読んでいただいてもかまいません。

プラチナセンテンス

本文ページの例題などで扱った文をまとめてあります。そのまま覚えてしまえるように少し短めの文にしてあるので、すべて暗記してしまいましょう。文を覚えることで文法の説明を思い出す手がかりにもなります。プラチナセンテンスの音声はサイトより無料でダウンロードすることができます（詳しくは2ページをご覧ください）。

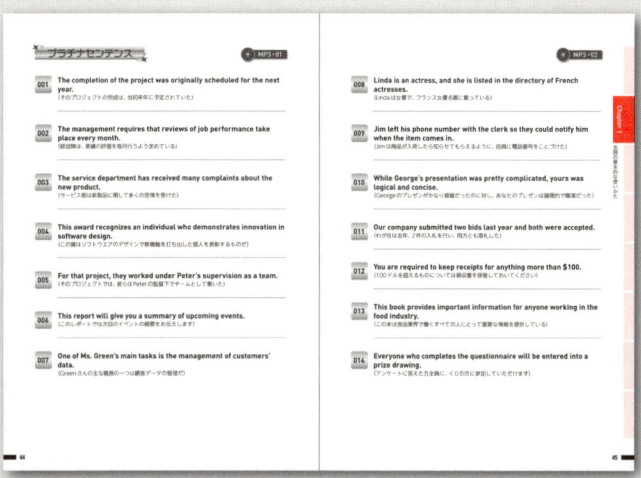

章末チェック

各Chapterの最後に、学んだ内容が理解できたかを確認するための練習問題がついています。解説をよく読んで内容を確認し、わからないところがあったら本文の該当箇所に戻って理解し直すようにしましょう。（☞マークで該当箇所を示しています。）

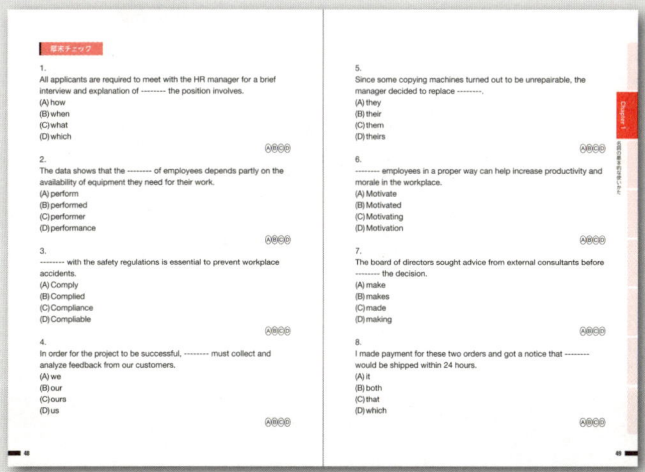

登場する主なキャラクター

　ここはニューヨークにある Phoenix 広告代理店。忙しく働くスタッフたちのもとに、日本から新入社員の Yuki がやって来ました。

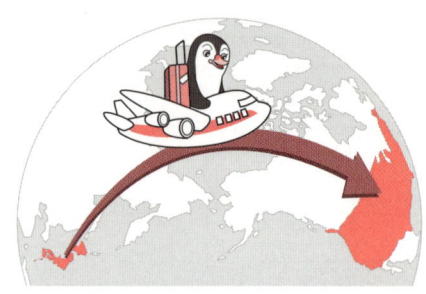

　Yuki は非常に仕事のできる若い女性ですが、実は英語が大の苦手。そこで定期的に TOEIC テストを受けて英語の力を測りながら、英語のトレーニングをすることになりました。
　外国人が英語の勉強をするとき、英文法の勉強を欠かすことはできません。文法は文を構成するメカニズム。それを知らないと正しい文を作ることができず、応用も利かないのです。もちろん TOEIC でも文法力を問う問題が出題されます。
　そこで、Phoenix の精鋭チームを率いるチーフは、入社して1年がたった Ken に、Yuki の英文法のコーチを任せることにしました。

　さあ、Ken の英文法講義が始まります！　英文法に不安のある皆さんも、一緒に Ken の講義を受講しませんか？

Chapter 0
はじめに頭に入れておくこと

Chapter 0-① 英語の文をカタマリで捉える

さあ、それじゃあ一緒に、英文法の勉強をしていこう！

よろしくお願いします！　ところで早速ですけど、「カタマリで捉える」ってどういう意味ですか？

　　　　TOEICが測っているのは、英語圏の文化的な素養や英文法の細かい知識といったものではなく、「英語を使う力」です。確かに文法問題では文法の力が問われるのですが、決して細かい文法知識を問われるのではなく、文の大まかな構造、骨組みが捉えられているか、という点が問われているのです。なので、TOEICでは使役動詞の使い分けとか、不定詞の3用法の分類とか、そういったものが出題されることはありません。そうではなく、文の主語がどれで動詞がどれかとか、この文は過去の文なのか未来の文なのかとか、この文にはいくつの節（〈主語＋動詞〉を含むカタマリのこと。このあと説明します）が含まれているかとか、そういったことが正しく捉えられているかが問われているのです。

　こうした英文の大まかな構造を捉えるには、「英文をカタマリで捉える」&「飾りを取り除いてみる」ことが重要です。でも、「カタマリ」って何のことでしょう？　「飾り」って？

　例えば次の文を見てください。

The man received the acceptance letter from the company yesterday.
（男性はきのうその会社から採用通知を受け取った）

まず訳から見てみましょう。日本語は次のように切って読むことができますね。

　[男性は／きのう／その会社から／採用通知を／受け取った]

事情は英語でも同じこと。上の英文は次のようなカタマリに分けることができます。

The man / received / the acceptance letter / from the company /
男性は　〜を受け取った　　採用通知　　　　その会社から

yesterday.
きのう

　どうですか？　わかりますか？　カタマリの中でも大事なのが、主語、動詞、それから目的語と補語です。これらの4つの要素が英文の骨組みを構成します。特に主語と動詞はどんな英文にも入っている非常に大切な要素なので＊、英文を読むときには常に「この文の主語はどれだろう？　動詞はどれだろう？」と考えながら読むようにしてください。

　そして上に挙げた4つ以外の要素は、修飾する言葉、つまり飾りです。飾るものは一見華やかですが、飾りは飾り。大事なのは飾られるほうの言葉です。from the companyのように前置詞で始まるカタマリは多くの場合、修飾句として働きます。またyesterdayのような副詞も修飾語です。この本では修飾句と修飾語をあわせて修飾語句と呼びます。（「句」は複数の語でできたカタマリを意味します。）

＊例外的に、命令文には主語がありません。命令文については156ページを参照してください。

　上の文の骨組みを考えると以下のようになります。修飾語句の色は薄くしてみます。

The man　received　the acceptance letter　from the company
　主語　　　動詞　　　　目的語　　　　　　　修飾句

yesterday.
修飾語

　どうですか？　スッキリして見やすくなったでしょう？　この文は〈主語＋動詞＋目的語〉の構造の文。ゴテゴテした長い文もカタマリで捉え、飾りを取り除いてみると文の構造が見えてきます。

　もう1文見てみましょう。

Maury always wore a suit to work, although his company had no dress code.
（Mauryの会社には服装規定はなかったが、彼はいつもスーツを着て出勤していた）

この文の主語と動詞がどれだかわかりますか？ カタマリで捉え、飾りを削ってみましょう。

<u>Maury</u> always <u>wore</u> <u>a suit</u> to work, although his company had no dress code.
　　主語　　修飾語　動詞　目的語　　修飾句　　　　　　　　　　修飾節

〈主語＋動詞＋目的語〉のシンプルな構造が見えてきましたね。副詞のalwaysは修飾語、to workは修飾句。ではalthough his company had no dress codeという長いカタマリは何でしょう。最初のalthoughは接続詞。そしてよく見ると、中にhis companyとhadという主語と動詞らしきものがありますね。このような主語と動詞を含むカタマリを「節」と呼びます。この文では、although his company had no dress code という節が、Maury always wore a suit to work という節を修飾しているのです。このように他の節を修飾する節を「修飾節」と呼びます。

```
[カタマリの単位]
1語                        …… 語
2語以上（〈主語＋動詞〉を含まない）  …… 句
2語以上（〈主語＋動詞〉を含む）    …… 節
```

ではこのようなカタマリを見抜くにはどうしたらいいのでしょう。まずは、接続詞のある文では接続詞やカンマの前で文を切ってみましょう。(Chapter 6で見るように、接続詞は語と語、句と句、節と節をつなぐ言葉です。) 次に、動詞の前後で切ってみます。動詞の前には主語、後ろには目的語や補語、修飾語句のカタマリが見つかります。

さらに、前置詞、関係詞、不定詞、分詞の前で切ってみましょう。前置詞で始まるカタマリは多くの場合、前にある動詞や名詞を修飾します。関係詞、不定詞、分詞で始まるカタマリは前にある名詞を修飾します。

えっ？ 何を言っているのかわからなくなったですって？ ゴメンなさい。目的語や補語、関係詞、不定詞といった個々の事柄については、Chapter 1以降で具体的に説明していくので、そちらを読んでくださいね。ここでは、「英文はカタマリで捉える、飾りは取り除いてみる」ということを覚えておいてください。

Chapter 0

はじめに頭に入れておくこと

Chapter 0-❷ 品詞コンシャスになろう

名詞や動詞、形容詞、副詞、前置詞、接続詞……。そんな言葉は知っているね。これらを「品詞」というんだ。中でも特に大切なのが、名詞と動詞だよ。

名詞と動詞なら知ってます！ この2つだけ知っていればいいんですか？

もちろんほかの品詞も知っておく必要があります。次の問題を見てください。TOEICの文法問題では、このように選択肢に異なる品詞の語が並んだ問題がよく出題されます。

This workshop will give you an -------- opportunity to grow your career.

(A) amaze
(B) amazing
(C) amazement
(D) amazingly

Ⓐ Ⓑ Ⓒ Ⓓ

このような語彙選択問題を解くときには、まず選択肢に目を通し、それがどんなタイプの問題かを確認しましょう。じっくり読む必要はありません。文法問題なのか語彙問題なのかをサッと把握し、それから英文の内容を読んでいきましょう。

上の選択肢は動詞amaze（～を驚かせる）の派生形で、(A)が動詞、(B)が形容詞、(C)が名詞、(D)は副詞です。このような文法問題では、単語の意味をなんとなく覚えていてもだめで、それぞれの選択肢の品詞、そして空欄にどの品詞の単語が入るかがわからないといけません。空欄の前後を見ると、an -------- opportunityとなっているので、空欄には名詞opportunityを修飾する形容詞が入るとわかります。（この問題はあとのChapterで取り上げます。）文法問題を解くには品詞コンシャスである必要があるのです。

このように、それぞれの単語がどの品詞かを見分けられることはとても大切なのですが、例えば、冠詞や形容詞は「名詞」を修飾する働きの言葉、副詞は「動詞」や文を修飾する働きの言葉（形容詞や副詞も修飾しますけどね）、助動詞は「動詞」にニュアンスを加える言葉で、英語の品詞は基本的に「名詞」と「動詞」を中心にまとめて考えることができます。

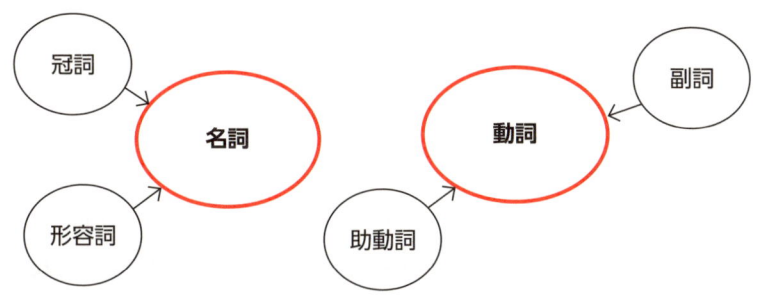

なので、この本ではChapter 1以降、基本的に「名詞」と「動詞」を軸に話を進めていきます。不定詞や分詞、関係代名詞、時制など、いろいろな文法項目に悩まされている人は多いと思いますが、語句が文の中でどのように働いているかに注目してみると、多くの項目は「名詞」と「動詞」を軸に、かなりスッキリ理解することができるのです。

ここで1つ補足しておきましょう。動詞には現在分詞（〜ing形）、過去分詞（〜ed形）、不定詞（to do）といった形がありますが、これらは動詞の意味を残しながら、単独では動詞としては働きません。

Look at the people <u>planting</u> trees over there.
（向こうで木を植えている人々を見てください）

例えば上の文のplantingはplant（〜を植える）という動詞の現在分詞（〜ing形）ですが、後ろのtrees over thereとともに直前の名詞peopleを修飾する形容詞のような働きをしており、文の動詞としては働いていません（動詞はLook）。個々の使いかたについてはあとのChapterで見ていきますが、これらの形が動詞ではなくなっているということは頭の片隅にとどめておいてください。

　最後に、語尾の形による品詞の見分けかたについて触れておきましょう。多くの単語には複数の使いかたがありますし、それぞれの単語の品詞は一つずつ覚えていくしかありませんが、いくつかの語尾については、それを見るだけで品詞を特定できる場合があります。
　以下に代表的なものとTOEICでよく登場する具体例を挙げておきますので、語尾から品詞を判断する感覚を身につけてください。

[名詞の語尾]
■ -ation（動作を表す）
　例 recommendation（推薦）、consideration（考慮）、expectation（予期）、regulation（規定）、conservation（保護）、preparation（準備）、explanation（説明）、reservation（予約）、admiration（賞賛）、innovation（革新）、evaluation（評価）、appreciation（感謝）

■ -ance（行為を表す）
　例 assistance（援助）、attendance（出席、出席者）、compliance（順守）

■ -ment（行為・結果を表す）
　例 management（経営）、appointment（約束、予約）、improvement（改善）、replacement（交換）、advertisement（広告）、retirement（定年退職）

■ -ship（状態・性質・身分などを表す）
　例 membership（会員の身分）、leadership（指導力）、relationship（関係）、partnership（協力関係）

■ -ness（性質・状態を表す）
　例 awareness（自覚すること）、drowsiness（眠気）

■ -ency（性質・状態を表す）
　例 emergency（緊急事態）、contingency（不測の事態）、frequency（頻度）、proficiency（熟達、技能）

■ -er / -or（行為する人・物を表す）
　例 contractor（請負業者）、supplier（供給業者）、instructor（指導員）、coordinator（まとめ役）、manufacturer（製造業者）、consumer（消費者）、indicator（計器）、inspector（調査官）、distributor（配給業者）、investor（投資家）、founder（創立者）

■ -ian（専門家を表す）
　例 politician（政治家）、technician（技師）、physician（医師）

■ -ist（行為者、専門家を表す）
　例 novelist（小説家）、journalist（報道記者）、tourist（観光客）

[動詞の語尾]
■ -ize（〜になる、〜にする）
　例 authorize（〜を認可する）、organize（〜を計画する）、emphasize（〜を強調する）、minimize（〜を最小限にする）、publicize（〜を公表する）、recognize（〜を表彰する）

■ -ify（〜にする）
　例 notify（〜に知らせる）、identify（〜を特定する）、clarify（〈意味など〉を明らかにする）、modify（〜を変更する）、verify（〜を確かめる）、justify（〜を正当化する）

■ -en（〜にする）
　例 tighten（〜をしっかり締める）、lessen（〜を少なくする）、fasten（〜を固定する）、lengthen（〜を伸ばす）

[形容詞の語尾]
■ -ous（〜に富む、〜の特徴のある）
　例 conscious（意識している）、various（さまざまな）、hazardous（危険な）、vigorous（力強い）、ambitious（野心的な）、anxious（心配して）、prosperous（繁栄した）

■ -ful（〜に満ちた、〜を与える）
　例 careful（注意深い）、helpful（役に立つ）、useful（便利な）、faithful（忠実な）、successful（成功した）

■ -ive（〜の性質を持つ）
　例 consecutive（連続した）、definitive（決定的な）、exclusive（独占的な）、extensive（広範囲にわたる）、conclusive（決定的な）、effective（効果的な）、defective（欠陥のある）、collective（集合的な）、repetitive（繰り返しの）、responsive（敏感に反応する）

■ -al（〜の性質の）
　例 additional（追加の）、special（特別な）、critical（重大な、決定的な）、final（最終的な）、integral（不可欠の）、controversial（意見の分かれる）、original（最初の、元の）、actual（実際の）、beneficial（役に立つ）

■ -able（〜できる）
　例 reliable（頼りになる）、favorable（好意的な）、desirable（望ましい）、affordable（〈値段が〉手ごろな）、acceptable（受け入れ可能な）、reasonable（〈値段が〉手ごろな）、searchable（検索可能な）、dependable（頼りになる）、predictable（ありきたりな、予想できる）、comparable（比較できる）

[副詞の語尾]

■ -ly
非常に多くの形容詞の語尾について副詞を作ります。
　例 strong（強力な）→ strongly（強力に）、regular（定期的な）→ regularly（定期的に）

ただし、以下の語には形容詞、副詞両方の使いかたがあり、-lyをつけると別の意味になるので注意が必要です。
　例 hard（熱心な、熱心に）→ hardly（ほとんど〜ない）、high（高い、高く）→ highly（非常に）、close（近い、近くに）→ closely（綿密に）、near（近い、近くに）→ nearly（ほとんど）、late（遅い、遅く）→ lately（最近）

Chapter 1
名詞の基本的な使いかた

Chapter 1-① 主語になる

よく出る度 2 ★★☆

Chapter 0で、英語の品詞の中でも名詞と動詞が特に大切だって話したね。このChapterではまず名詞について勉強していくよ。

了解です！ 名詞って、ものの名前ですよね。コピー機とかフォルダーとか……

確かに、copier（コピー機）やfolder（フォルダー）のような具体的なものの名前は名詞です。でも、career（経歴）とか、schedule（スケジュール）、production（生産）といった、抽象的な言葉も名詞です。

このセクションでは、名詞の主語としての使いかたを見ていきます。英文の主語になるのは、名詞か、名詞と同じ働きをする言葉です。次の例題を見てください。文の主語と動詞がどれか、わかりますか？

例題 The -------- of the project was originally scheduled for the next year.
(A) completed
(B) completes
(C) completion
(D) complete

Ⓐ Ⓑ Ⓒ Ⓓ

選択肢には、動詞complete（〜を完成させる）の変化形、派生形が並んでいますね＊。次に英文ですが、Chapter 0でも見たように、英文は「カタマリで捉える」&「飾りを取り除いてみる」ことが大切！ 空欄の後のof the project（そのプロジェクトの）が空欄を修飾するカタマリであることを見抜きましょう。動詞はwas scheduled（予定された）です。だとすると、空欄には主語になる名詞が入るとわかりますね。

選択肢の中で名詞は(C) completion（完成）だけで、残りの選択肢はどれも動詞completeの変化形。したがって正解は(C) です。

＊completeには「完全な」という意味の形容詞の使いかたもあります。

■ 主語になる名詞

<u>The completion</u> of the project <u>was</u> originally <u>scheduled</u> for the next year.
　　　[主語]　　　　　　　　　　　[動詞]

(そのプロジェクトの完成は、当初来年に予定されていた)

もう1問見ておきましょう。次の英文の主語と動詞がどれだかわかりますか？

例題 The management requires that -------- of job performance take place every month.
(A) reviews
(B) reviewed
(C) to review
(D) reviewer

Ⓐ Ⓑ Ⓒ Ⓓ

　選択肢を見るとreviewの変化形が並んでいます。一方、この英文の主語がThe management(経営陣)で、動詞がrequires(〜を要求する)であることはわかりますね？ 実は、この問題で気をつけなければならないのは、その後ろにある接続詞that。接続詞の後ろには節(〈主語＋動詞〉を含むカタマリ)が来ます。なので、空欄以降に主語と動詞がそろっているかどうかを確認します。空欄の後ろにはさっきの問題と同じようにof job performance(業績の)という修飾語句があり、その後ろにはtake place(行われる)という動詞が続いていますね。したがって、空欄にはthat節中の主語になる名詞が入るはずです。

　選択肢は動詞review(〜を見直す)の変化形のように見えますが、(D) reviewerは「評価者」という名詞、また(A) reviewsは名詞review(評価)の複数形と考えることができます。ここでは後ろに動詞take placeが続いているので、「評価」を意味する(A)を入れて「評価が行われる」という流れにするのが適切です。

■節中の主語になる名詞

The management requires that reviews of job performance
　　　　　　　　　　　　　接続詞　主語

take place every months.
動詞

（経営陣は、業績の評価を毎月行うよう求めている）

＊「reviewerは単数形だから、これが主語なら動詞のtakeはtakesになるはず。だからreviewerは自動的に候補から外せる」と考えたあなた！　考えかたは正しいですが、1つ見落としている点があります。この点については138ページのコラムを参照してください。

英文を見たら、まず主語がどれで動詞がどれかを意識するよう心がけましょう。

Chapter 1-❷ 目的語になる

よく出る度 3 ★★★

名詞でもう一つものすごく大切なのが、目的語としての使いかたなんだ。

「目的語」ですか。英文法でよく耳にしますけど、なんだか今一つピンと来ないんですよね。なんか目標みたいなものですかね。「社長になりたいとか……」

「目的語」は目標とは関係ありません。例えば「動詞の目的語」は、「(動詞が表す)動作を受ける**対象**となる人や物」を指します。英文中で「～を」「～に」などと訳される部分です。

例

<u>hold</u>　<u>a meeting</u>　　　（会議を開く）
動詞　　　目的語

<u>choose</u>　<u>Linda</u>　　　（リンダを選ぶ）
動詞　　　目的語

なお、Chapter 4で詳しく学びますが、このように後ろに目的語を伴う動詞を「他動詞」と呼びます。

例題　The service department has received many -------- about the new product.
(A) complain
(B) complaining
(C) complainer
(D) complaints

Ⓐ Ⓑ Ⓒ Ⓓ

この英文で、主語がThe service department（サービス部）、動詞がhas receivedであることはわかるでしょうか。receiveは「～を受け取る」という意味の動詞で、後ろには「～」にあたる語（目的語）が来ます。空欄の前のmanyはご存じのように「多くの」という意味

の形容詞なので、空欄には目的語になる名詞が入るとわかります（about以下は空欄の名詞を修飾する修飾語句）。

選択肢の(A) complainは「不平を言う」という意味の動詞、(B)はそのing形です。(C) complainer（不平を言う人）と(D) complaints（不平、文句）が名詞ですが、「受け取る」ものとしてふさわしいのは(D)となります。

■ 目的語になる名詞

<u>The service department</u> <u>has received</u> many <u>complaints</u> about
　　　　　主語　　　　　　　　　　　動詞　　　　　　　　　　目的語

the new product.

（サービス部は新製品に関して多くの苦情を受けた）

では、もう1問見てみましょう。

例題 This award recognizes an individual who demonstrates -------- in software design.
(A) innovate
(B) innovation
(C) innovative
(D) innovatively

ⒶⒷⒸⒹ

選択肢には動詞innovate（〜を革新する）の派生形が並んでいます。一方英文には、冒頭に主語（This award）、動詞（recognizes）、目的語（an individual）がそろっていますね。空欄にはどんな言葉が入るのでしょうか。

目的語an individual（個人）の後ろを見ると、関係代名詞のwhoがあります。Chapter 3で学ぶように、whoは主語の働きをします。その後ろには他動詞demonstrates（〜を示す）があり、空欄の後はin software design（ソフトウエアのデザインにおける）と前置詞で始まる修飾語句になっているので、空欄には目的語になる名詞が入るとわかります。

選択肢の中で名詞は(B) innovation（革新、新機軸）だけ。したがって、正解は(B)となります。

■ 節中の目的語になる名詞

This award recognizes an individual <u>who</u> <u>demonstrates</u>
（関係詞節中の）　　　　　　　　　　　　　主語　　　　　　動詞

<u>innovation</u> in software design.
目的語

（この賞はソフトウエアのデザインで新機軸を打ち出した個人を表彰するものだ）

次に、「前置詞の目的語」について見てみましょう。

前置詞は、文字どおり、(名詞の)「前に置かれる」言葉で、後ろには必ず名詞が来ます。そしてこの名詞を「前置詞の目的語」と呼びます。ちょっと聞き慣れないかもしれませんが、TOEICではこの「前置詞の目的語」になる名詞を選ばせる問題もとてもよく出題されるので、覚えておきましょう。

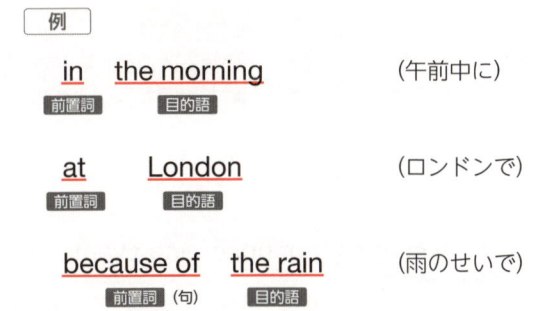

例

<u>in</u>　　<u>the morning</u>　　　（午前中に）
前置詞　　目的語

<u>at</u>　　<u>London</u>　　　　　（ロンドンで）
前置詞　　目的語

<u>because of</u>　<u>the rain</u>　　（雨のせいで）
前置詞（句）　　目的語

では今度は、具体的にTOEICではどんな形で出題されるのか、見てみましょう。

例題 For that project, they worked under Peter's -------- as a team.

(A) supervise
(B) supervises
(C) supervised
(D) supervision

Ⓐ Ⓑ Ⓒ Ⓓ

選択肢には動詞supervise（～を監督する）の変化形と名詞supervision（監督）が並んでいます。一方、英文を見ると、前置詞underの後ろに目的語が足りないのがわかるでしょうか。Peter'sは「Peterの」という所有格で後ろに名詞が必要ですし、as a team（チームとして）は前置詞asで始まる修飾語句です。正解は、名詞の(D)となります。

■ 前置詞の目的語になる名詞

For that project, they worked under Peter's supervision as
　　　　　　　　　　　　　　　　　　前置詞　　　　　　目的語

a team.

（そのプロジェクトでは、彼らはPeterの監督下でチームとして働いた）

　　出題頻度はそれほど高くありませんが、〈主語＋動詞＋間接目的語＋直接目的語〉の形の文で、直接目的語を埋めさせる問題が出題されることもあります。
　　例えば、次の文のsummaryを選ばせるような問題です。

This report will give　you　a summary of upcoming events.
　　　　　　　　動詞　間接目的語　直接目的語

（このレポートでは次回のイベントの概要をお伝えします）

　この文では、動詞giveの目的語はyou（あなたに）とa summary（概要を）の2つがあります。「～に」と訳される目的語を「間接目的語」、「～を」と訳される目的語を「直接目的語」と呼びます。このように2つの目的語を取るタイプの主な動詞には、give（与える）のほか、send（送る）、offer（提供する）、bring（もたらす）、show（示す）、tell（告げる）、buy（買う）、cost（〈費用〉がかかる）、leave（残す）、pay（支払う）、promise（約束する）などがあります。

Chapter 1-❸ 補語になる

よく出る度 1 ★☆☆

TOEICでポイントとして問われることは多くないけれど、補語としての使いかたも大切なので見ておこう。

「補語」って言葉もわかりづらいです。何かを補うんですか？

中学1年生のころ、Tom is a soccer player. みたいなbe動詞を使った文を勉強しましたね？ このa soccer playerという名詞がこの文の「補語」です。「Tomは」と言っただけではトムが何者なのかわかりません。主語を補って説明する言葉、それが補語です。「主語＝補語」の関係になると理解しておけばいいでしょう。

<u>Tom</u>　<u>is</u>　<u>a soccer player.</u>
主語　動詞　補語 ← 主語(Tom)が何か・どんなものかを説明している

補語には主に、名詞や形容詞が入りますが、ここでは名詞が入るパターンを見ておきましょう。

例題 One of Ms. Green's main tasks is the -------- of customers' data.
(A) manage
(B) manages
(C) manageable
(D) management

Ⓐ Ⓑ Ⓒ Ⓓ

選択肢には動詞manage（～を管理する）の変化形、派生形が並んでいます。(C) manageable（管理できる）は「～できる」を意味する接尾辞 -able で終わる形容詞、(D) management（管理）は接尾辞 -ment で終わる名詞です。

文の主語がOne of Ms. Green's main tasks（Greenさんの主なの職務の一つ）であること、動詞がisであることを見抜きましょう。その後ろにはthe -------- of ～が続いてい

27

ますね。theの後ろで前置詞の前ですから、空欄に名詞が入り、〈主語＋be動詞＋補語〉の形の文になると考えると、つじつまが合います。正解は(D)です。

■ 補語になる名詞

<u>One of Ms. Green's main tasks</u>　<u>is</u>　<u>the management</u> of
　　　　　主語　　　　　　　　　be動詞　　　補語

customers' data.

（Greenさんの主な職務の一つは顧客データの管理だ）

補語に形容詞が入るパターンは、113ページで取り上げます。

Chapter 1-④ 人称代名詞

よく出る度 2 ★★☆

英文に主語や目的語が足りなかったら名詞を選べばいいってことですね。

そうだね。でも、名詞の働きをするものはほかにもあるんだよ。ここでは代名詞について見ておこう。

英語を習い始めて間もないころ、「アイ・マイ・ミー・マイン、ユー・ヨア・ユー・ヨアーズ……」と覚えたこと、皆さんは覚えていますか？ 「人称代名詞の格変化」です。I は「私は」(主格)、my は「私の」(所有格)、me は「私を[に]」(目的格)、mine は「私のもの」(所有代名詞)。漫然と覚えている人もいるかもしれませんが、「格」によって文中での働きかたが変わるので、非常に大切です。忘れている人のために、表を挙げておくので、声に出して読んで、思い出してください。

■ 人称代名詞

	単　数				複　数			
	主格	所有格	目的格	所有代名詞	主格	所有格	目的格	所有代名詞
1人称	I	my	me	mine	we	our	us	ours
2人称	you	your	you	yours	you	your	you	yours
3人称	he	his	him	his	they	their	them	theirs
	she	her	her	hers				
	it	its	it	—				
	Ken	Ken's	Ken	Ken's				

どうですか？ 思い出しましたか？ それでは次の例題を見てください。選択肢に人称代名詞が並んでいますね。空欄に何が入るか考えてみましょう。

例題 Linda is an actress, and -------- is listed in the directory of French actresses.

(A) she
(B) her
(C) hers
(D) herself

Ⓐ Ⓑ Ⓒ Ⓓ

文の前半は、「Lindaは女優だ」という意味です。やさしいですね。問題はandの後ろ。andで文が切れているので、後ろにはもう一度主語と動詞を含んだ節が続きます。空欄の後ろを見ると、is listed（載せられている＝載っている）と動詞が続いているので、空欄には主語になる語が入ります。人称代名詞の中で、文の主語になるのは主格。正解は「彼女は」という意味の(A)です。

	単数				複数			
	主格	所有格	目的格	所有代名詞	主格	所有格	目的格	所有代名詞
1人称	I	my	me	mine	we	our	us	ours
2人称	you	your	you	yours	you	your	you	yours
3人称	he	his	him	his	they	their	them	theirs
	she	her	her	hers				
	it	its	it	—				
	Ken	Ken's	Ken	Ken's				

人称代名詞の表の「主格」の語は、文（あるいは節）の主語として働きます。

■ 主格の人称代名詞

Linda is an actress, and <u>she</u> <u>is listed</u> in the directory of French actresses.
　　　　　　　　　　　主語（主格）　動詞

（Lindaは女優で、フランス女優名鑑に載っている）

代名詞とは、その名のとおり、前に出た名詞を繰り返して言わないで済むように名詞を言い換える言葉。なので、TOEICの代名詞を選ばせる問題は、基本的に今見たように前に節があり、接続詞などをはさんでもう一度節が繰り返される形の文になっていて、前の節の中の名詞を言い換えた代名詞を選ぶタイプになっています。

主語＋動詞〜，接続詞　主語＋動詞〜

——— 代名詞の問題ではここが問われる

　ところで、人称代名詞は主語として機能するだけではありません。次の例題を見てください。

例題 Jim left his phone number with the clerk so they could notify -------- when the item comes in.
(A) him
(B) himself
(C) he
(D) his

　Ⓐ Ⓑ Ⓒ Ⓓ

　Jim left his phone number with the clerk は、「Jimは店員に電話番号を残した」という意味。そしてsoの後ろにはtheyで始まる節が続いていることがわかりますね。〈so (that) ＋人＋can〉で「(人) が〜できるように」という意味の構文。この節の動詞はnotify（〜に知らせる）で、空欄の後ろにはwhenで始まる節が続いているので、空欄にはnotifyの目的語が入ると考えられます。選択肢の人称代名詞の中で、目的語になるのは目的格のhim。(A) が正解となります。

	単　数				複　数			
	主格	所有格	目的格	所有代名詞	主格	所有格	目的格	所有代名詞
1人称	I	my	me	mine	we	our	us	ours
2人称	you	your	you	yours	you	your	you	yours
3人称	he	his	him	his	they	their	them	theirs
	she	her	her	hers				
	it	its	it	—				
	Ken	Ken's	Ken	Ken's				

（目的語になる）

人称代名詞の表の「目的格」の語は、文（あるいは節）の中で目的語として働きます。

■ 目的格の人称代名詞

Jim left his phone number with the clerk so they could

<u>notify</u>　<u>him</u>　when the item comes in.
【動詞】　【目的語】（目的格）

（Jimは商品が入荷したら知らせてもらえるように、店員に電話番号をことづけた）

人称代名詞の主格と目的格がどのように使われるかわかったでしょうか。もう1問、人称代名詞の問題を見てみます。

例題　While George's presentation was pretty complicated, -------- was logical and concise.

(A) you
(B) your
(C) yours
(D) yourself

Ⓐ Ⓑ Ⓒ Ⓓ

この文は、接続詞のWhileから始まっています。whileには「～する間」という意味のほか、「～する一方で」という意味もありますが、この文では後者の意味です(whileの使いかたについては232ページを参照してください)。文前半は、「Georgeのプレゼンがかなり複雑だったのに対し」という意味。空欄以降、もう一つ〈主語＋動詞〉のセットが入りますが、空欄の直後にwasという動詞があることから、空欄には主語になる言葉が入るとわかります。

選択肢には主格のyouがありますが、直後にwasがあるので成り立ちません。ここでは所有代名詞を使います。所有代名詞はふつう、前に出た名詞を受け、〈one's＋名詞〉(～のもの) を表します。ここではyour presentation (あなたのプレゼン) を表す (C) yoursが正解。「あなたのプレゼンは論理的で簡潔だった」なら意味も通りますね。「主語だから主格」と早合点しないことが大切です。

＊「所有代名詞」の使いかたについては、90ページも参照してください。

「～のもの」という意味の名詞になる

	単数				複数			
	主格	所有格	目的格	所有代名詞	主格	所有格	目的格	所有代名詞
1人称	I	my	me	mine	we	our	us	ours
2人称	you	your	you	yours	you	your	you	yours
3人称	he	his	him	his	they	their	them	theirs
	she	her	her	hers				
	it	its	it	—				
	Ken	Ken's	Ken	Ken's				

■ 所有代名詞

While George's presentation was pretty complicated,

<u>yours</u>　　　　　　　　<u>was</u>　logical and concise.
　主語 (=your presentation)　動詞

(Georgeのプレゼンがかなり複雑だったのに対し、あなたのプレゼンは論理的で簡潔だった)

Chapter 1-❺ その他の代名詞

よく出る度 2
★★☆

「その他の代名詞」っていうことは、代名詞ってほかにもあるんですか？

うん。これから紹介するように「どんなもの」とか「いくらか」とか、そんな言葉だね。文字どおり「名詞の代わりになる言葉」だから、どれも意味が漠然として捉えどころがないけれど、TOEICで出題されるものは限られているので、とりあえずはその使いかたをきちんと理解しておこう。

以下に、TOEICで出題される主な代名詞を挙げます。どの代名詞を使うかは意味によって判断すべきものがほとんどですが、使いかたの面では単数名詞として扱うのか、複数名詞として扱うのかが大きなポイントになります。

例題 Our company submitted two bids last year and -------- were accepted.
(A) many
(B) few
(C) one
(D) both

Ⓐ Ⓑ Ⓒ Ⓓ

　選択肢を見ると、形容詞に見える語が並んでいますね。でも、英文を見るとandの前後2つの節から成っており、空欄の後ろが動詞であることから、空欄には主語になる名詞が入るとわかります。

　この文の前半は「わが社は去年、2件の入札を行った」という意味。ここでtwo（2つの）という形容詞があることがポイントで、後半の動詞が複数主語を受けるwereになっていることから、空欄には「両方」を意味する代名詞のbothを入れるのが適切です。正解は(D)。このbothは、前半に出てきたtwo bids（2件の入札）を受けてboth bids（両方の入札）を意味する代名詞です。

　(A) manyは「多く」、(B) fewは「ほとんど～しかないもの」、(C) oneは「～なもの、～な一つ」という意味の代名詞です。

■ 代名詞 both

Our company submitted **two** bids last year and <u>**both**</u> were accepted.
両方(= both bids)

(わが社は去年、2件の入札を行い、両方とも落札した)

ここで、TOEICで出題される主な代名詞を見ていきましょう。

■ anything

「どんなもの(でも)」という意味を表します。単数扱い。

例 You are required to keep receipts for <u>**anything**</u> more than $100.
(100ドルを超えるものについては領収書を保管しておいてください)

■ anyone

「だれでも」という意味を表します。単数扱い。

例 This book provides important information for <u>**anyone**</u> working in the food industry.
(この本は食品業界で働くすべての人にとって重要な情報を提供している)

■ everyone

「すべての人、だれも」という意味を表します。単数扱い。allが「すべてのもの、人」全体を包括的に捉えるのに対して、everyoneは「この人も、その人も、みんなが」というように個々人に意識を向けるニュアンスの言葉です。

例 <u>**Everyone**</u> who completes the questionnaire will be entered into a prize drawing.
(アンケートに答えた方全員に、くじ引きに参加していただけます)

■ neither

「どちらも(…ない)」という意味を表します。2つのものについて使い、単数扱いです。3つ以上のものについてはnoneを使います。

例 **Neither** of the two products has been launched as scheduled.
（どちらの商品も予定どおりには発売されていない）

■ many / much

「多くのもの」という意味を表します。manyは数えられるものについて使い、複数扱い。muchは数えられないものについて使い、単数扱い。

例 **Many** in the medical community are expressing concerns about that trend.
（医療界の多くの人々は、その動きに懸念を表明している）

Do you know **much** about the latest trends in this industry?
（この業界の最新の動向について詳しく知っていますか？）

■ few / little

「ほとんどないもの」という意味を表します。fewは数えられるものについて使い、複数扱い。littleは数えられないものについて使い、単数扱い。もともと形容詞だったので、veryなどで修飾されることもあります。

例 There are a lot of car makers, but **few** make as high a profit as Horowitz.
（自動車メーカーはたくさんあるが、Horowitzほど高い利益を出しているところはほとんどない）

This article points out that very **little** has been said about the incident.
（この記事は、その事件についてほとんど何も語られていないということを指摘している）

■ several

〈several of the ＋複数名詞〉で「～のいくつか、いく人か」という意味を表します。主語になるときは複数扱い。

例 **Several** of the guests were downstairs waiting for the elevator.
（来客のいく人かは下の階でエレベーターを待っていた）

■ others

「ほかの人々、他人」という意味を表します。見てのとおり、複数扱いです。

例 His new design of the museum was highly praised by **others** in the field.

（彼による美術館の新しいデザインは、業界のほかの人々から高く評価された）

■ one

〈one of the＋複数名詞〉で、「～のうちの一つ」という意味を表します。単数扱い。複数名詞には下の例のように形容詞の最上級がつく場合も多いです。

例 When the tower is completed, it will be **one** of the tallest buildings in the country.

（そのタワーが完成すれば、国内で最も高い建造物の一つになる）

＊oneを選ばせる問題のほか、後ろの名詞（ここではbuildings）の形を選ばせる問題が出題されることもあります。「one of theの後ろには複数名詞が来る」ということをしっかり覚えておきましょう。

■ that

すでに出た単数名詞を受け、〈that of＋名詞〉の形で「～のそれ」という意味を表します。複数名詞を受ける場合はthoseになります。

例 This battery's life is about 30 percent longer than **that** of traditional ones.

（このバッテリーの寿命は従来品のそれより約30パーセント長い）

＊この文ではthatは前出のlifeを受けています。

---

neitherには副詞で「…もまた～ない」という意味の使いかたがあります。以下のように〈neither＋動詞＋主語〉の語順になります。

例 I'm not in charge of the task, and **neither** is Ms. Kim.

（私はその業務の担当ではないし、Kimさんもそうではない）

Chapter 1-❻ 動名詞

よく出る度 3
★★★

> 代名詞はたくさんあったね。ところで、TOEICではもう一つ注意しなきゃいけない名詞があるんだ。

> ええっ、まだあるんですか!?

　その名も「動名詞」。動詞だけど名詞という不思議な語です。動詞の原形にingをつけて作ります。「あ、知ってる！　ing形って、現在進行形で使うやつでしょ？」と思ったあなた。ブブー。現在進行形で使う〜ing形は「現在分詞」。動名詞とまったく同じ形ですが、使いかたは異なります。(現在分詞についてはChapter 3で学びます。)

　動詞のing形が「〜すること」という意味の名詞として働くことがあります。これが「動名詞」。ふつうの名詞と同じように、主語になったり、動詞や前置詞の目的語になったりします。TOEICではこの動名詞が非常によく出題されるので、使いかたに慣れておきましょう。

例題　They believe that -------- the overseas recruitment will affect the quality of candidates.
(A) cancel
(B) cancellation
(C) cancelled
(D) cancelling

Ⓐ Ⓑ Ⓒ Ⓓ

　選択肢を見てみると、動詞cancel (〜を中止する、キャンセルする)の変化形と名詞cancellation (中止、キャンセル)が並んでいますね。
　いつものように、まず文の主語と動詞を確認すると、最初にTheyとbelieveがあるので、これらが主語と動詞だろうとわかります。次のthatは接続詞で、後ろに主語と動詞が来ます。the overseas recruitment (海外での求人)が主語のようにも見えますが、そうすると空欄に何を入れたらいいかわからなくなりますね。

ここはcancelをing形にした(D) cancellingが正解。動詞のing形は「〜すること」という意味の名詞になります。このように名詞として働く動詞のing形を「動名詞」と呼びます。ここではcancelling the overseas recruitmentで「海外での求人を中止すること」という意味を表し、これがwill affect（〜に影響する）の主語になります。cancellationも名詞なので主語になりそうですが、名詞の後ろにtheは続きません。

　つまり、動名詞は、目的語を伴う動詞の働きを残したまま名詞になったもの、ということができるわけです。

cancel the overseas recruitment　➡　cancelling the overseas recruitment
　動詞　　　　　　　　　　　　　　　　　動名詞（「〜すること」）
海外で求人を行う　　　　　　　　　　　　海外で求人を行うこと

　　　　　　　　　　　　　　　　　　　　cancellation the overseas recruitment ✕

■ 主語になる動名詞

　　　　　　　　　　　　　　　動名詞
They believe that cancelling the overseas recruitment
　　　　　　　接続詞　　　　　主語
will affect the quality of candidates.
　動詞

（彼らは、海外での求人をやめることは応募者の質に悪影響を及ぼすと考えている）

　もう一つ、TOEICで非常によく出題される動名詞の使いかたを見ておきましょう。それは次のようなパターンです。

例題 The company aims to improve their corporate image by -------- in renewable energy.

(A) invests
(B) investing
(C) invested
(D) invest

Ⓐ Ⓑ Ⓒ Ⓓ

この問題でも選択肢には動詞の変化形が並んでいますね。一方、文の主語はThe company、動詞はaims（～を目指す、狙う）であるとわかります。The company aims to improve their corporate imageで「その会社は企業イメージを高めることを狙っている」という意味。ところで空欄を見ると直前に前置詞byがありますね。25ページで名詞が前置詞の目的語になるパターンを見たのを覚えているでしょうか？　前置詞の後ろには必ず名詞が来ます。選択肢の動詞を名詞にするには……そう！　動名詞にするのです。

■ **前置詞の目的語になる動名詞**

The company aims to improve their corporate image
by **investing** in renewable energy.
　前置詞　　動名詞

（その会社は、再生可能エネルギーに投資することで企業イメージを高めようとしている）

　TOEICでは、このように前置詞の後ろの空欄に、動詞の変化形の選択肢の中から動名詞（ing形）を選ばせる問題が高い頻度で出題されているので、このパターンをきちんと見抜けるようにしておきましょう。
　なお、前置詞には、in addition toのような群前置詞（複数の語で前置詞の働きをするもの）も含まれます。

例 **In addition to** sav**ing** gasoline and energy, this technology offers safety for your driving.
（ガソリンとエネルギーを節約するだけでなく、この技術は車の運転に安全をもたらす）

動名詞（ing形）は動詞の原形にingをつけて作るので、そのままでは過去を表すことはできません。その場合は、〈having＋過去分詞〉の完了形を使います。

has achievedよりも前の出来事

The company has achieved record profits despite having suffered
　　　　　　　　　　　　　　　　　　　　　　前置詞　　　　動名詞（完了形）

great losses in the previous year.
（その会社は前年大きな損失を出したにもかかわらず記録的な収益をあげている）

　　上の文は、sufferがhas achievedよりも前の時点であることを表すために完了形になっているのです。

Chapter 1-❼ 関係代名詞 what

よく出る度 1
★☆☆

> 最後に名詞の働きをするものをもう一つだけ……

> もう無理です！

　ここは少し難易度が高いので、とりあえず飛ばしておいても構いません。Chapter 3の関係代名詞の説明を読んで余裕があれば戻ってきてください。

　関係代名詞whatの話です。whatは先行詞を必要とせず、the thing whichと同じ働きをする関係代名詞で、「〜するもの[こと]」という意味を表します。そしてこの意味からもわかるように、名詞として働きます。

例

what you thought about the workshop
関係代名詞 (= the thing which)

(あなたがワークショップについて思ったこと)

what is missing from this report
関係代名詞 (= the thing which)

(このレポートに欠けているもの)

　上の例では関係代名詞whatは動詞の目的語、下の例では主語として働いています。どちらも「〜するもの[こと]」という意味を表していますね。それでは次の問題を見てみましょう。

例題 -------- impressed the recording staff most was Linda's fluency in English.

(A) Who
(B) That
(C) What
(D) This

Ⓐ Ⓑ Ⓒ Ⓓ

選択肢を見ると、さまざまな代名詞が並んでいますね。そして英文には動詞らしきものが、impressedとwasの2つあります。空欄にwasの前までが主語になるような語が入るといいのですが、空欄の前に名詞はないので、the thingを含む関係代名詞whatを入れるのが適切です。What impressed the recording staff mostで「収録スタッフに一番良い印象を与えたこと」という意味になります。

■ 関係代名詞what

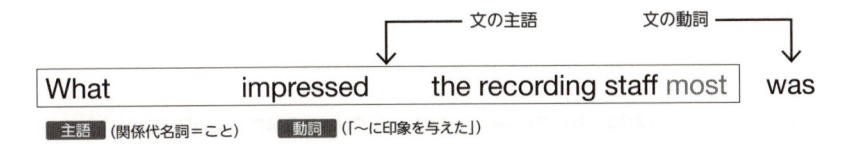

```
                    ─ 文の主語         ─ 文の動詞
                        ↓                  ↓
What          impressed    the recording staff most    was
[主語]（関係代名詞＝こと）  [動詞]（「〜に印象を与えた」）
```

Linda's fluency in English.

（収録スタッフにとって一番印象深かったのは、Lindaの英語の流暢さだった）

　例題の関係代名詞whatは動詞impressedの主語の役割を果たしています。「後ろにある動詞と組み合わせて『〜するもの』というカタマリを作れるといいな」と思ったらwhatを選びましょう。

プラチナセンテンス　MP3 ▶01

001 The completion of the project was originally scheduled for the next year.
(そのプロジェクトの完成は、当初来年に予定されていた)

002 The management requires that reviews of job performance take place every month.
(経営陣は、業績の評価を毎月行うよう求めている)

003 The service department has received many complaints about the new product.
(サービス部は新製品に関して多くの苦情を受けた)

004 This award recognizes an individual who demonstrates innovation in software design.
(この賞はソフトウエアのデザインで新機軸を打ち出した個人を表彰するものだ)

005 For that project, they worked under Peter's supervision as a team.
(そのプロジェクトでは、彼らはPeterの監督下でチームとして働いた)

006 This report will give you a summary of upcoming events.
(このレポートでは次回のイベントの概要をお伝えします)

007 One of Ms. Green's main tasks is the management of customers' data.
(Greenさんの主な職務の一つは顧客データの管理だ)

008 **Linda is an actress, and she is listed in the directory of French actresses.**
（Lindaは女優で、フランス女優名鑑に載っている）

009 **Jim left his phone number with the clerk so they could notify him when the item comes in.**
（Jimは商品が入荷したら知らせてもらえるように、店員に電話番号をことづけた）

010 **While George's presentation was pretty complicated, yours was logical and concise.**
（Georgeのプレゼンがかなり複雑だったのに対し、あなたのプレゼンは論理的で簡潔だった）

011 **Our company submitted two bids last year and both were accepted.**
（わが社は去年、2件の入札を行い、両方とも落札した）

012 **You are required to keep receipts for anything more than $100.**
（100ドルを超えるものについては領収書を保管しておいてください）

013 **This book provides important information for anyone working in the food industry.**
（この本は食品業界で働くすべての人にとって重要な情報を提供している）

014 **Everyone who completes the questionnaire will be entered into a prize drawing.**
（アンケートに答えた方全員に、くじ引きに参加していただけます）

015 **Neither of the two products has been launched as scheduled.**
(どちらの商品も予定どおりには発売されていない)

016 **Many in the medical community are expressing concerns about that trend.**
(医療界の多くの人々は、その動きに懸念を表明している)

017 **Do you know much about the latest trends in this industry?**
(この業界の最新の動向について詳しく知っていますか？)

018 **There are a lot of car makers, but few make as high a profit as Horowitz.**
(自動車メーカーはたくさんあるが、Horowitzほど高い利益を出しているところはほとんどない)

019 **This article points out that very little has been said about the incident.**
(この記事は、その事件についてほとんど何も語られていないということを指摘している)

020 **Several of the guests were downstairs waiting for the elevator.**
(来客のいく人かは下の階でエレベーターを待っていた)

021 **His new design of the museum was highly praised by others in the field.**
(彼による美術館の新しいデザインは、業界のほかの人々から高く評価された)

022 **When the tower is completed, it will be one of the tallest buildings in the country.**
(そのタワーが完成すれば、国内で最も高い建造物の一つになる)

023 This battery's life is about 30 percent longer than that of traditional ones.
(このバッテリーの寿命は従来品のそれより約30パーセント長い)

024 I'm not in charge of the task, and neither is Ms. Kim.
(私はその業務の担当ではないし、Kim さんもそうではない)

025 They believe that cancelling the overseas recruitment will affect the quality of candidates.
(彼らは、海外での求人をやめることは応募者の質に悪影響を及ぼすと考えている)

026 The company aims to improve their corporate image by investing in renewable energy.
(その会社は、再生可能エネルギーに投資することで企業イメージを高めようとしている)

027 In addition to saving gasoline and energy, this technology offers safety for your driving.
(ガソリンとエネルギーを節約するだけでなく、この技術は車の運転に安全をもたらす)

028 The company has achieved record profits despite having suffered great losses in the previous year.
(その会社は前年大きな損失を出したにもかかわらず記録的な収益をあげている)

029 What impressed the recording staff most was Linda's fluency in English.
(収録スタッフにとって一番印象深かったのは、Linda の英語の流暢さだった)

章末チェック

1.
All applicants are required to meet with the HR manager for a brief interview and explanation of -------- the position involves.
(A) how
(B) when
(C) what
(D) which

Ⓐ Ⓑ Ⓒ Ⓓ

2.
The data shows that the -------- of employees depends partly on the availability of equipment they need for their work.
(A) perform
(B) performed
(C) performer
(D) performance

Ⓐ Ⓑ Ⓒ Ⓓ

3.
-------- with the safety regulations is essential to prevent workplace accidents.
(A) Comply
(B) Complied
(C) Compliance
(D) Compliable

Ⓐ Ⓑ Ⓒ Ⓓ

4.
In order for the project to be successful, -------- must collect and analyze feedback from our customers.
(A) we
(B) our
(C) ours
(D) us

Ⓐ Ⓑ Ⓒ Ⓓ

5.
Since some copying machines turned out to be unrepairable, the manager decided to replace --------.
(A) they
(B) their
(C) them
(D) theirs

Ⓐ Ⓑ Ⓒ Ⓓ

6.
-------- employees in a proper way can help increase productivity and morale in the workplace.
(A) Motivate
(B) Motivated
(C) Motivating
(D) Motivation

Ⓐ Ⓑ Ⓒ Ⓓ

7.
The board of directors sought advice from external consultants before -------- the decision.
(A) make
(B) makes
(C) made
(D) making

Ⓐ Ⓑ Ⓒ Ⓓ

8.
I made payment for these two orders and got a notice that -------- would be shipped within 24 hours.
(A) it
(B) both
(C) that
(D) which

Ⓐ Ⓑ Ⓒ Ⓓ

9.
Please pass this invitation on to -------- who might be interested in attending the seminar.
(A) others
(B) several
(C) anything
(D) that

10.
The company's innovative products and services are the main -------- that draw millions of customers.
(A) attracts
(B) attracted
(C) attractive
(D) attractions

11.
Please note that all the payment must be made prior to -------- by check or credit card.
(A) service
(B) serve
(C) serves
(D) served

12.
The company celebrated their -------- with a dinner at a hotel.
(A) achieve
(B) achieving
(C) achievable
(D) achievement

解答解説

1.

All applicants are required to meet with the HR manager for a brief interview and explanation of -------- the position involves.

(A) how
(B) when
(C) what
(D) which

解説 選択肢にはhowとwh-で始まる語が並んでいます。All applicants are required to meet with the HR managerは「応募者は全員、人事部長に会わなければならない」という意味。forのあとにはa brief interview（短い面接）とexplanation（説明）という人事部長に会う2つの目的が挙げられています。空欄には前置詞ofの目的語が入ると考えられますが、その後ろがthe position involves（その職務が含む）と〈主語＋動詞〉の形になっており、involvesの目的語がないので、空欄にはthe thing whichを表す(C) whatを入れるのが適切です。what the position involvesで「その職務が含むもの」→「職務内容」という意味になります。

訳 応募者は全員、人事部長に会って短い面接を受け、職務内容の説明を受けることになっている。

正解 (C)【☞ 1-❼】

2.

The data shows that the -------- of employees depends partly on the availability of equipment they need for their work.

(A) perform
(B) performed
(C) performer
(D) performance

解説 選択肢には、動詞performの変化形と派生形が並んでいます。文の初めに主語と動詞（The data shows）があるので、接続詞thatのあとの節に注目します。空欄の前にtheがあり、後ろの修飾語句of employeesを消して考えると、動詞のdependsが続いているので、空欄には主語になる名詞が入ると考えられます。(C) performer（演技者）と(D) performance（業績、演技）が名詞ですが、文脈に合うのは(D)です。

訳 データは、従業員の業績が、仕事で必要な機器が入手できるかに部分的に依存していることを示している。

正解 (D)【☞ 1-❶】

51

3.

-------- with the safety regulations is essential to prevent workplace accidents.

(A) Comply
(B) Complied
(C) Compliance
(D) Compliable

解説 選択肢には動詞 comply の変化形とその派生形が並んでいます。文の動詞は is です。文頭から動詞の前までが主語であり、with the safety regulations は空欄に入る語を修飾していると考えられます。したがって空欄には主語になる名詞が入ります。選択肢の中で名詞は (C) Compliance (順守) だけです。正解は (C)。このように、前に何もつかない名詞から文が始まることもあります。

訳 労災防止には安全規則の順守が不可欠だ。

正解 (C) 【☞ 1-❶】

4.

In order for the project to be successful, -------- must collect and analyze feedback from our customers.

(A) we
(B) our
(C) ours
(D) us

解説 選択肢には人称代名詞が並んでいます。文の前半、successful までは「その計画が成功するように」という目的を表し、文の動詞である must collect and analyze を修飾しています。feedback from our customers は動詞の目的語なので空欄に入るのは文の主語であることがわかります。選択肢はいずれも1人称複数の人称代名詞ですが、このうち主語になれるのは主格である (A) we だけです。

訳 その計画を成功させるために、われわれは顧客の意見を収集し分析しなければならない。

正解 (A) 【☞ 1-❹】

5.

Since some copying machines turned out to be unrepairable, the manager decided to replace --------.

(A) they
(B) their
(C) them
(D) theirs

解説 この問題も、選択肢には人称代名詞が並んでいます。前半の some copying machines turned out to be unrepairable は「何台かのコピー機は修理できないことが判明した」という意味で Since は理由を示す接続詞。後半の節の動詞 decide は decide to do の形で「〜することに決める」という意味を表します。replace は「〜を取り替える」という意味の他動詞なので、空欄には目的格の (C) them が入ります。この them は some copying machines を指しています。

訳 何台かのコピー機は修理不可能であるとわかったので、部長はそれらを新しいものと入れ替えることにした。

正解 (C)【☞ 1-❹】

6.

-------- employees in a proper way can help increase productivity and morale in the workplace.

(A) Motivate
(B) Motivated
(C) Motivating
(D) Motivation

解説 選択肢は動詞 motivate（〜の士気を高める）の変化形と派生形。文の動詞は can help です。employees（従業員）を主語と考えると空欄には形容詞である (B) Motivated（やる気のある）が入りそうですが、それでは in a proper way（適切な方法で）が修飾するものなくなってしまいます。したがって、空欄には主語となる名詞が入るとわかります。選択肢のうち (C) と (D) が名詞ですが、employees という目的語をとっていることから、正解は動名詞の (C) Motivating となります。

訳 従業員に適切に動機を与えることは職場の生産性と士気を高めるのに役立つ。

正解 (C)【☞ 1-❻】

7.
The board of directors sought advice from external consultants before -------- the decision.

(A) make

(B) makes

(C) made

(D) making

解説 選択肢には動詞makeの変化形が並んでいます。空欄は前置詞beforeと名詞the decisionの間にあります。the decisionはmakeの目的語であると考えられます。そして空欄に入る語は前置詞の目的語になれる形でなければならないので、正解は動名詞である(D) makingとなります。

訳 取締役会はその決定を下す前に外部コンサルタントの助言を仰いだ。

正解 (D)【☞ 1-❻】

8.
I made payment for these two orders and got a notice that -------- would be shipped within 24 hours.

(A) it

(B) both

(C) that

(D) which

解説 選択肢には代名詞が並んでいます。英文は「2つの注文の支払いをして知らせを受けた」と始まっています。notice（知らせ）の後ろにあるthatは、noticeの内容を示す節を導く接続詞です。that節内は空欄で始まり、次にwould be shippedという動詞があるので、空欄には主語となる名詞が入ります。選択肢のうち(A)、(B)、(C)のいずれかが入ると考えられますが、出荷されるのは「2つの注文」なので、正解は「両方」を意味する(B) bothとなります。

訳 これら2つの注文の支払いを済ませ、両方とも24時間以内に出荷されるという知らせを受けた。

正解 (B)【☞ 1-❺】

9.
Please pass this invitation on to -------- who might be interested in attending the seminar.

(A) others
(B) several
(C) anything
(D) that

解説 選択肢はすべて代名詞です。空欄の前までは「〜にこの招待を伝えてください」という意味。空欄の後ろには主格の関係代名詞whoがあり、「セミナー参加に興味がありそうな（人）」と続いています。この関係代名詞節は空欄に入る語を修飾していると考えられます。選択肢のうち文脈にふさわしい語は「ほかの人々」を意味する(A) othersです。代名詞severalは〈several of the ＋複数名詞〉の形で使います。

訳 セミナー参加に興味がありそうなほかの人たちにもこの招待について知らせてください。

正解 (A) 【☞ 1-❺】

10.
The company's innovative products and services are the main -------- that draw millions of customers.

(A) attracts
(B) attracted
(C) attractive
(D) attractions

解説 選択肢は動詞attract（〜を引きつける）の変化形と派生形。文の主語はThe company's innovative products and services（その会社の革新的な製品とサービス）、動詞はareです。空欄直後のthatの後ろには動詞drawとその目的語が続いているので、このthatは主格の関係代名詞です。したがって空欄に入る語は、形容詞mainに修飾された文の補語であり、また関係代名詞thatの先行詞でもある名詞だとわかります。正解は名詞の(D) attractions（魅力）です。

訳 その会社の革新的な製品とサービスは数百万の顧客を引き寄せる魅力の中心である。

正解 (D) 【☞ 1-❸】

11.

Please note that all the payment must be made prior to -------- by check or credit card.

(A) service
(B) serve
(C) serves
(D) served

解説 選択肢は (A) service が名詞、他は動詞 serve の変化形です。英文を見ると、動詞 note に続く that 節の中にはすでに主語 (payment) と動詞 (must be made) がそろっています。must be made の後ろには prior to (〜より前に) という群前置詞と空欄、さらに動詞を修飾する by check or credit card が続いています。したがって空欄には prior to の目的語となる名詞が入るとわかります。正解は (A)。

訳 サービスご提供前に小切手またはクレジットカードにより全額お支払いを済ませていただくこととなっておりますのでお気をつけください。

正解 (A) 【☞ 1-❷】

12.

The company celebrated their -------- with a dinner at a hotel.

(A) achieve
(B) achieving
(C) achievable
(D) achievement

解説 選択肢の (A) と (B) は動詞 achieve (〜を達成する) の変化形、(C) achievable (達成可能な) は形容詞、(D) achievement (業績、成果) は名詞です。文の動詞は celebrated。celebrate は「〜を祝う」という意味の他動詞なので後ろに目的語を伴います。their は人称代名詞の3人称・複数・所有格で「彼(女)らの、それらの」という意味。したがって空欄には celebrate の目的語となる名詞が入ることがわかります。正解は (D)。with a dinner、at a hotel はいずれも動詞を修飾する語句です。

訳 会社は彼らの業績をたたえてホテルで宴会を行った。

正解 (D) 【☞ 1-❷】

Chapter 2
単数と複数

Chapter 2-① 英文中の主語と動詞を見抜く

よく出る度 1 ★☆☆

このChapterは「英文中の主語と動詞を見抜く」ということから始めよう。

確かに、英語の文には主語と動詞がありますよね。「見抜く」というほどのこともないような気がするんですけど……

中学のとき、英語の文に主語と動詞があることは習いましたね。でも、ちょっと複雑な文になると、どれが主語でどれが動詞だか、わかりづらくなることがあるんです。次の例題を見てみましょう。

例題 Polar Bear Company ------ significant sales increases in the metropolitan area next year.
(A) expects
(B) expecting
(C) expectation
(D) to expect

ⒶⒷⒸⒹ

選択肢は動詞expect(~を期待する、見込む)の変化形((C)だけは名詞)。では文の主語と動詞はどれでしょう。どうやら主語は冒頭のPolar Bear Companyのようですが、動詞がどれかわかりますか？

Chapter 0でも学んだように、英文は「カタマリで捉える」&「飾りを取り除いてみる」ことが大切。途中にincreasesという語がありますが、ここではsignificant sales increases (かなりの売上の増加)という名詞のカタマリの一部(名詞)です。だとすると、この文には動詞が見当たらず、空欄には動詞が入りそうだとわかりますね。

選択肢にはexpectの変化形が並んでいますが、この中で動詞として働くのは、3人称単数形のsのついた(A)expectsだけです。したがって、正解は(A)。

(C)expectation (期待、見込み) は名詞。(B)のing形と(D)の不定詞については次のChapterで解説しますが、これらは単独では動詞として働きません。

■ 主語と動詞

<u>Polar Bear Company</u> <u>expects</u> <u>significant sales increases</u> in the
　　　　　主語　　　　　　　動詞　　　　　　　目的語

metropolitan area next year.

(Polar Bear 社は来年、都市部においてかなりの売上の増加を見込んでいる)

次の英文を見てください。

As snow biking grows in popularity, so does the need for safety.

　文頭のAsは接続詞で、カンマの前後2つの節から成っています。前半の節の主語はsnow biking、動詞はgrowsで「スノーバイクの人気が高まるにつれて」という意味。後半の主語と動詞が何だか考えてみましょう。

　後半はsoから始まっていて、次に動詞らしきdoesがあるので、soが主語、doesが動詞のように見えるかもしれません。でも、soは「同様に」という意味の副詞で、後ろにあるthe needが主語、doesが動詞です。このdoesは前半の動詞growsの繰り返しを避けるための動詞(「代動詞」といいます)で、〈so does＋主語〉の形で、「(主語)もそうだ(この文ではgrows＝高まっている)」という構文になります。後半の主語と動詞の位置が入れ換わっていますが(「倒置」といいます)、混乱しないようにしましょう。

As snow biking grows in popularity, <u>so</u>　<u>does</u> <u>the need</u>
　　　　　　　　　　　　　　　　　　　　副詞　動詞　　主語

for safety.

(スノーバイクの人気が高まるにつれて、安全の必要性も高まっている)

英文を見たら、まず主語(カタマリで考えた場合は主部)がどれで動詞がどれかを意識するように心がけましょう。

Chapter 2-❷ 単数と複数

よく出る度 2
★★☆

あ、屋根裏をネズミが歩いているみたい。1匹かな2匹以上かな……

そんなの、見てみないとわかりませんよ。

確かに日本語なら「屋根裏をネズミが歩いている」で済んでしまいますね。でも、英語では、ネズミが1匹か2匹以上かわからなくても単数形のmouseか複数形のmiceかどちらか決めなければなりません。

英語には「数えられる名詞」と「数えられない名詞」があります。例えばdesk（机）やcustomer（客）のように具体的な形のあるものは「数えられる名詞」で、water（水）やknowledge（知識）のように形が定まらないものや抽象的なものは「数えられない名詞」です。そして、数えられる名詞は必ず単数形か複数形のどちらかになります。

	単数形	複数形
数えられる名詞	a desk	desks
数えられない名詞	advice	—

英語ではこれらの区別がとても大切で、TOEICでもその区別がきちんとできているかを問う問題が数多く出題されます。

例題 An important ------- missing from the next presentation is a new ad concept.
(A) elementary
(B) element
(C) elements
(D) elemental

Ⓐ Ⓑ Ⓒ Ⓓ

上の英文の主語と動詞は見抜けましたか？ 動詞になり得るのはisだけなので、その前が主語ですが、missingからpresentationは主語を修飾する修飾語句となっています。したがって、空欄には主語になる名詞が入ります。選択肢の中で名詞は(B)と(C)ですが、文頭に「1つの」を意味するAnがあり、動詞もisなので、正解は単数形の(B)element（要素）となります。

■ 主語の単数・複数

<u>An important element</u> missing from the next presentation <u>is</u>
　　　　主語　　　　　　　　　　　　　　　　　　　　　　　　　動詞

<u>a new ad concept</u>.
　　補語

（今度のプレゼンに足りない重要な要素は、新しい広告コンセプトだ）

文頭のAnに気づけば簡単ですね。でも、TOEICでは意外とこのタイプのような基本問題も出題されます。では、もう1問見てみましょう。

例題 That textile manufacturer accepts ------- from overseas clients over the Internet.

(A) order
(B) ordering
(C) ordered
(D) orders

Ⓐ Ⓑ Ⓒ Ⓓ

　選択肢を見ると、動詞order（〜を注文する）の変化形が並んでいるように見えます。一方、文を見ると、主語はThat textile manufacturer（その繊維メーカー）で、動詞はaccepts（〜を受け入れる）だとわかりますね。空欄の後ろは前置詞で始まる修飾語句なので、空欄には目的語になる名詞が入ると考えられます。orderは「注文」という意味の名詞としても使われるので、そのつもりで見ると、(A) orderと(D) ordersが名詞になりうるとわかりますね。ただし、orderは数えられる名詞なので、単数であればan orderと前にa(n)がつくはずですが、実際にはacceptsと空欄の間には何もありません。したがって、正解は複数形の(D)です。

■ 目的語の単数・複数

<u>That textile manufacturer</u>　<u>accepts</u>　<u>orders</u>　from overseas clients
　　　　　主語　　　　　　　　　動詞　　　目的語

over the Internet.

（その繊維メーカーはインターネットで海外からの注文にも応じている）

日本人が数えられる名詞と勘違いしやすいTOEICでよく出題される名詞には、次のようなものがあります。
clothing（衣類）、luggage / baggage（荷物）、furniture（家具）、equipment（装置）、machinery（機械類）、jewelry（宝石類）、audience（聴衆）、advice（アドバイス）、information（情報）、news（知らせ）
これらの名詞は数えられない名詞で、単数扱いになります。

If <u>your luggage</u> is found, we will have it delivered to the
　　　主語 （＝単数）　動詞

hotel where you are staying.
（お荷物が見つかりましたら、ご宿泊先のホテルにお届けします）

ちなみに荷物を数えるときは、a piece of luggage、two pieces of luggage ...のように数えます。

Chapter 2-❸ 共に使われる形容詞

よく出る度 2
★★☆

> 名詞の単数と複数を問う問題を見てきたけれど、英語では単数名詞と複数名詞で修飾する形容詞が変わることがあるんだ。

> それって、どういう意味ですか？

例えば、同じ「たくさんの」でも、「たくさんの本」はmany books、「たくさんのお金」ならmuch moneyということは、皆さんもご存じですね。これまでのセクションでは、名詞の単数と複数の話をしてきましたが、形容詞にも単数名詞を修飾するものと複数名詞を修飾するものとがあります。いわゆる「数量を表す形容詞」です。TOEICでもよく狙われる項目なので、ここであわせて覚えておきましょう。

例題 Assuring patient safety has been a topic of -------- debate recently.
(A) mostly
(B) almost
(C) much
(D) many

ⒶⒷⒸⒹ

　選択肢を見ると、many、muchと、つづりにmostを含む副詞（mostly、almost）が並んでいますね。一方、文を見ると空欄の前は前置詞of、後ろにはdebateという名詞があるので、空欄にはこの名詞を修飾する形容詞が入ると考えられます。（debateには動詞の使いかたもありますが、動詞だとすると直前の前置詞ofの目的語がなくなってしまうので、このdebateは名詞であることがわかります。）すると選択肢は(C)と(D)に絞られます。このdebateが数えられる名詞なら、a debateとaがつくか、debatesと複数形になるはずなので、空欄に入るのは数えられない名詞だとわかります。正解は(C)です。

■ 形容詞 much

Assuring patient safety has been a topic of <u>much</u> <u>debate</u> recently.
　　　　　　　　　　　　　　　　　　　　　形容詞　数えられない名詞

（このところ、患者の安全を確保することが大きな議論の的となっている）

＊辞書を見るとdebateには「数えられる名詞」「数えられない名詞」のどちらの使いかたもあることがわかります。例えば「激しい討論」のように形容詞がつくとa heated debateのようにa(n)がつくこともあるのです。

では、もう1問見てみましょう。

例題　-------- item is packed with care and checked for quality before we ship it.
(A) Every
(B) All
(C) Few
(D) Other

　　　　　　　　　　　　　　　　　　　　　　　　　Ⓐ Ⓑ Ⓒ Ⓓ

　選択肢を見ると、数量などを表す形容詞が並んでいます。一方、英文は文頭が空欄で直後にTOEIC頻出語の名詞item（商品、品目）があり、その後ろにはis packedと動詞が続いています。ここでitemが単数形であることに注目しましょう。allやfew、other＊は数えられる名詞の複数形につく形容詞で、名詞の単数形を修飾するのはevery（あらゆる〜、どの〜も）だけです。正解は(A)。

　動詞もis (packed)と3人称単数の主語に対応する形になっていますね。また文末のitも文の主語Every itemを指しているので、単数形になっています（主語が複数ならthemになります）。

＊otherの前にtheやone、someなどがつくと、単数名詞を修飾することがあります。また何もつけずに単数名詞を修飾する場合は〈another＋名詞〉の形になります。

■ 形容詞 every

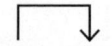

Every item is packed with care and checked for quality before we ship it.
[形容詞] [単数名詞] [動詞]

（すべての商品は丁寧に梱包され、品質の確認が行われてから出荷されます）

形容詞 every は、〈every＋単数名詞〉の形で「あらゆる〜、どの〜も」という意味を表します。個々のものに目を止めながらすべてのものに言及する単語です。

ここでは TOEIC で出題される、主な形容詞＊と名詞の単数・複数の関係を見ておきましょう。
＊これらの形容詞は、冠詞などとともに限定詞（determiner）と呼ばれることがあります。

■ all

形容詞 all は、〈all＋複数名詞〉の形で「すべての〜」という意味を表します。ある対象全体を包括的に捉える単語です。

例 The city library requires **all** visitors to comply with the following general rules and regulations.
（市立図書館では、すべての利用者に以下の規則に従うことを求めている）

■ each

形容詞 each は、〈each＋単数名詞〉の形で「それぞれの〜」という意味を表します。2つあるいはそれ以上のものについて使います。

例 During this meeting, we need to cover **each** topic listed on the agenda.
（このミーティングでは、議題に挙げられたそれぞれのトピックを扱わなければならない）

all と every と each。似た単語ですが、それぞれ数量の捉えかたが異なるので、まとめておきましょう。

all「すべての」　　　　every「あらゆる」　　　each「それぞれの」
（全体をまとめて見る）　（個々のものに注目する）　（一つ一つを取り上げる）

■ few / little

形容詞 few は複数名詞を修飾して「ほとんどない」「わずかしかない」という意味を表します。「ない」ことに焦点を当てた単語です。

一方、形容詞 little は数えられない名詞を修飾して「ほとんどない」「わずかしかない」という意味を表します。こちらも「ない」ことに焦点を当てた単語です。もちろん「小さな」という意味もありますが、TOEIC で問われるのは「ほとんどない」の意味のほうです。

例 At that time there were **few** people interested in his new marketing idea.
（当時、彼の新しいマーケティングのアイデアに興味を持つ人はほとんどいなかった）

Unfortunately, there was **little** time for our team to carry out market research.
（残念ながら、私たちのチームには市場調査を行う時間がほとんどなかった）

people には複数形の s はついていませんが、複数扱いの名詞です。また上の２つの例文の be 動詞にも注目してください。were と was。名詞の単数・複数にきちんと対応していますね。

なお、a few、a little と前に a をつけると、「少しはいる（ある）」と「いる（ある）」ことに焦点を当てた言いかたになります。この場合も a few は数えられる複数名詞を、a little は数えられない名詞を修飾します。

例 Recently the award is being given to **a few** top photographers almost every year.
(近年、その賞はほとんど毎年、数人のトップレベルの写真家に与えられている)

I had **a little** trouble finding a suitable dress for the special occasion.
(私はその特別な機会に着るのにふさわしい服を見つけるのに少し苦労した)

■ several

形容詞severalは複数名詞を修飾して「いくつかの、いくつもの」という意味を表します。
a fewが「2、3の」を表すのに対して、severalはそれよりも多いものを表します。

例 This new model camera has **several** features that make it unique from others.
(この新モデルのカメラには、他のカメラにはないいくつかの特徴がある)

chapter 2-④ 主語と動詞の一致

よく出る度 3
★★★

> 英文には主語と動詞があって、主語になる名詞には数えられるものと数えられないものがあり、数えられる名詞には単数の場合と複数の場合があるということを学んできたけれど、わかったかな？

> はい、大丈夫です！

さて、中学校1年生のとき、「3単現のs」というのを勉強したことを覚えているでしょうか。「主語が3人称単数で時制が現在のときには、動詞にsがつく」というアレですね。

でも、そんなの基本だとあなどることなかれ。TOEICでは、この主語と動詞の対応を問う問題が、意外にも非常によく出題されます。過去形では主語が単数でも複数でも動詞の形は同じなので、問われるのは現在の文、気をつけるのは「主語が単数か複数か」です。では例題を見てみましょう。

例題 Topics of the workshop ------- marketing the business and online tools.
(A) include
(B) includes
(C) including
(D) inclusion

Ⓐ Ⓑ Ⓒ Ⓓ

選択肢には動詞include（～を含む）の変化形と、名詞形のinclusionが並んでいます。次に英文ですが、主語はTopics of the workshop（講習会のテーマ）で、動詞は空欄に入るinclude（の変化形）だと考えられますね。このうち、(C) includingは動詞としては使えません。したがって、(A)か(B)かの選択になります。

空欄の直前にworkshopという単数名詞があるので、単数主語に対応するincludesを選びたくなるかもしれませんが、of the workshopは修飾語句で主語はTopicsです。複数形ですね。したがって、複数主語に対応する(A) includeが正解になります。

■主語と動詞の一致

<u>Topics</u> of the workshop <u>include</u> marketing the business and online tools.
　　主語(複数)　　　　　　　　動詞 (3単現のsはつかない)

(講習会のテーマには、ビジネスマーケティングとオンラインツールが含まれている)

> 時制が現在の文で
> ・主語が単数なら　→　動詞には3単現のsがつく
> ・主語が複数なら　→　動詞にはsはつかない

主語と動詞の一致のような問題では、修飾語句を消して考えることが大切です。

もう1問見てみましょう。今度は選択肢がbe動詞のパターンです。

例題 Free guided tours of the museum -------- offered every Friday at 7:30 P.M.

(A) is
(B) are
(C) to be
(D) being

　Ⓐ Ⓑ Ⓒ Ⓓ

英文を見ると文頭の Free guided tours (無料ガイドツアー) が主語です。空欄の後ろの offered (〜を提供する) が動詞に見えますが、その後ろに目的語になる名詞がなく、また空欄に be 動詞が入ることを考えると、〈be 動詞 + offered〉の受動態の文になりそうです。(C)と(D)は動詞としては働かない形なので、(A) is か (B) are が答えですが、主語をよく見ると tours と複数形なので、正解は (B) となります。

■ 主語と動詞の一致（be動詞）

<u>Free guided tours</u> of the museum <u>are offered</u> every Friday
　　　主語（複数）　　　　　　　　　　　**動詞**（受動態でbe動詞はare）
at 7:30 P.M.

（美術館の無料ガイドツアーは毎週金曜日の午後7時半に行われる）

時制が現在の文で
・主語が単数なら　→　be動詞はis（主語がIのときはam、youのときはare）
・主語が複数なら　→　be動詞はare

もう少し紛らわしいパターンも見てみましょう。

例題　The grocery stores we visited -------- a variety of organic products.
(A) carries
(B) carry
(C) carrying
(D) to carry

　　　　　　　　　　　　　　　　　　　　　　　　　　　Ⓐ Ⓑ Ⓒ Ⓓ

　選択肢には動詞carryの変化形が並んでいますが、英文を見ると空欄の直前はvisitedです。動詞が2つ並んでしまいますが、いいのでしょうか？
　英文をよく見てみると、文頭のThe grocery storesの後ろにweがあります。これは主語になる形でしたね。つまりwe visitedで〈主語＋動詞〉の形になっているわけです。あとで学びますが、これはstoresの後ろに関係代名詞が省略された文で、we visitedは前のThe grocery storesを修飾する節です。そこでこの修飾のカタマリを消して考えてみると、文の動詞がないことがわかります。そう、空欄には「文の動詞」が入るのです。主語はstoresと複数ですから、対応する動詞の形は3単現のsのつかない(B) carryとなります。

■ 主語に修飾語句が続く場合

ここに関係代名詞（whichあるいはthat）が省略されていると考える

<u>The grocery stores</u> we visited <u>carry</u> a variety of organic products.
　　　主語（複数）　　　　　　　　動詞（3単現のsはつかない）

（私たちが訪れた食料品店ではさまざまなオーガニック製品を扱っている）

TOEICでは、英文中の「飾りを取り除いてみる」テクニックがとても重要です。

この「主語と動詞の一致」を問うタイプの問題は、接続詞節の中で問われることもあります。

例題 Recent research shows that consumers -------- kitchen appliances on their own based on their functions, not on their look.
(A) choose
(B) choosing
(C) chooses
(D) choice

　　　　　　　　　　　　　　　　　　　　　　　　　Ⓐ Ⓑ Ⓒ Ⓓ

　選択肢を見ると、動詞chooseの変化形と名詞choiceが並んでいますね。次に英文を見ると、文頭のRecent researchが主語で、showsが動詞だろうと見当がつきます。空欄があるのは、showsに続くthat節の中です。まず冒頭にconsumers（消費者）があるので、consumersが主語ではないかと見当がつきます。次に動詞を探してみると、文中にはそれらしきものが見当たらないので、空欄には動詞が入ると考えられます。動詞として働くのは(A) chooseか(C) chooses。主語が複数なので、正解は(A)となります。
　ちなみにon their ownは「自分の裁量で」、based onは「～に基づいて」という意味で、ともに修飾語句です。

■ 節中の主語と動詞の一致

Recent research shows <u>that</u> <u>consumers</u> <u>choose</u> kitchen
　　　　　　　　　　　　接続詞　　主語(複数)　　動詞(3単現のsはつかない)

appliances on their own based on their functions, not on their look.

(最近の調査によると、消費者は調理器具を、見た目ではなく機能によって自ら選んでいる)

Chapter 1 の21ページで見たのと同じですね。ところで、主語と動詞の一致を問う問題には、さらに注意すべき以下のようなタイプがあります。

例題　Buying tickets in advance -------- you $2 per adult ticket and $1 per child's ticket.
(A) save
(B) saves
(C) saving
(D) have saved

Ⓐ🅱Ⓒ Ⓓ

　選択肢には、動詞 save の変化形が並んでいます。ところで、皆さんは38ページで動名詞が主語になることがあると学んだのを覚えているでしょうか？　この文の主語は、Buying tickets (in advance)、まさに動名詞ですね。意味は「(事前に)チケットを買うこと」。空欄には動詞が入りそうですが、さて、この文の主語は単数でしょうか、複数でしょうか？
　実は、動名詞は単数扱いと決まっています。なので、正解は単数主語に対応する(B) saves です。tickets が複数なのに引きずられないように気をつけましょう！

■ 動名詞が主語の場合

<u>Buying tickets</u> in advance <u>saves</u> you $2 per adult ticket and
　主語 (動名詞)　　　　　　　動詞 (3単現のsつき)

$1 per child's ticket.

(事前にチケットを買うと、大人のチケット1枚につき2ドル、子どものチケット1枚につき1ドルの得だ)

次の文を見てください。主語と「動詞」の一致を問う問題ではないですが、文中のhimselfを、yourselvesやitselfといった選択肢の中から選ばせるタイプの問題が出題されることがあります。

To calm himself down, Ken took a deep breath before he started his presentation.
(気持ちを落ち着かせるため、Kenはプレゼンを始める前に深呼吸をした)

　calm downは「〜を落ち着かせる」という意味。選択肢に〈〜self〉(〜自身)の形が並び、主語のKenと一致する再帰代名詞を選ぶタイプの問題が出題されるのです。Kenは男性単数なので、正解はhimselfとなるわけです。

プラチナセンテンス　MP3 ▶ 05

030 **Polar Bear Company expects significant sales increases in the metropolitan area next year.**
(Polar Bear 社は来年、都市部においてかなりの売上の増加を見込んでいる)

031 **As snow biking grows in popularity, so does the need for safety.**
(スノーバイクの人気が高まるにつれて、安全の必要性も高まっている)

032 **An important element missing from the next presentation is a new ad concept.**
(今度のプレゼンに足りない重要な要素は、新しい広告コンセプトだ)

033 **That textile manufacturer accepts orders from overseas clients over the Internet.**
(その繊維メーカーはインターネットで海外からの注文にも応じている)

034 **If your luggage is found, we will have it delivered to the hotel where you are staying.**
(お荷物が見つかりましたら、ご宿泊先のホテルにお届けします)

035 **Assuring patient safety has been a topic of much debate recently.**
(このところ、患者の安全を確保することが大きな議論の的となっている)

036 **Every item is packed with care and checked for quality before we ship it.**
(すべての商品は丁寧に梱包され、品質の確認が行われてから出荷されます)

MP3 ▶06

037 **The city library requires all visitors to comply with the following general rules and regulations.**
(市立図書館では、すべての利用者に以下の規則に従うことを求めている)

038 **During this meeting, we need to cover each topic listed on the agenda.**
(このミーティングでは、議題に挙げられたそれぞれのトピックを扱わなければならない)

039 **At that time there were few people interested in his new marketing idea.**
(当時、彼の新しいマーケティングのアイデアに興味を持つ人はほとんどいなかった)

040 **Unfortunately, there was little time for our team to carry out market research.**
(残念ながら、私たちのチームには市場調査を行う時間がほとんどなかった)

041 **Recently the award is being given to a few top photographers almost every year.**
(近年、その賞はほとんど毎年、数人のトップレベルの写真家に与えられている)

042 **I had a little trouble finding a suitable dress for the special occasion.**
(私はその特別な機会に着るのにふさわしい服を見つけるのに少し苦労した)

043 **This new model camera has several features that make it unique from others.**
(この新モデルのカメラには、他のカメラにはないいくつかの特徴がある)

044 Topics of the workshop include marketing the business and online tools.
(講習会のテーマには、ビジネスマーケティングとオンラインツールが含まれている)

045 Free guided tours of the museum are offered every Friday at 7:30 P.M.
(美術館の無料ガイドツアーは毎週金曜日の午後7時半に行われる)

046 The grocery stores we visited carry a variety of organic products.
(私たちが訪れた食料品店ではさまざまなオーガニック製品を扱っている)

047 Recent research shows that consumers choose kitchen appliances on their own based on their functions, not on their look.
(最近の調査によると、消費者は調理器具を、見た目ではなく機能によって自ら選んでいる)

048 Buying tickets in advance saves you $2 per adult ticket and $1 per child's ticket.
(事前にチケットを買うと、大人のチケット1枚につき2ドル、子どものチケット1枚につき1ドルの得だ)

049 To calm himself down, Ken took a deep breath before he started his presentation.
(気持ちを落ち着かせるため、Kenはプレゼンを始める前に深呼吸をした)

章末チェック

1.
-------- currently an opening for a sales manager position in our new branch.
(A) Having been
(B) There is
(C) Few
(D) Several of

Ⓐ Ⓑ Ⓒ Ⓓ

2.
The Manoel Pet Supply Directory -------- a comprehensive list of local pet supply businesses.
(A) contain
(B) contains
(C) containing
(D) is contained

Ⓐ Ⓑ Ⓒ Ⓓ

3.
The primary -------- of the project is to attract new prospective clients.
(A) purpose
(B) purposes
(C) purposed
(D) purposeful

Ⓐ Ⓑ Ⓒ Ⓓ

4.
The new materials her team developed -------- being used in a wide variety of products.
(A) are
(B) is
(C) be
(D) been

Ⓐ Ⓑ Ⓒ Ⓓ

5.
The company announced the cancellation of -------- to build a new chemical plant in Ottawa.
(A) plan
(B) plans
(C) planned
(D) planner

6.
The hotel we booked offers high-speed wireless Internet access in -------- room.
(A) every
(B) all
(C) few
(D) much

7.
All documents used in the training workshop -------- by authors with deep expertise in their fields.
(A) to write
(B) be writing
(C) are written
(D) to be written

8.
Before she changed jobs, she had very -------- experience in the area of advertising.
(A) few
(B) all
(C) each
(D) little

解答解説

1.

-------- currently an opening for a sales manager position in our new branch.

(A) Having been
(B) There is
(C) Few
(D) Several of

解説 選択肢には複合形の現在分詞やThere is、不定代名詞などさまざまなものが並んでいます。一方、英文を見ると、動詞が1つも見当たりません。英文には必ず主語と動詞が必要なので、空欄には文の動詞が含まれると考えられます。選択肢の中で文の動詞として働く語を含んでいるものは(B) There isしかないので、これが正解となります。

訳 われわれの新しい支社には現在、営業部長の職に空きが1つある。

正解 (B)【☞ 2-❶】

2.

The Manoel Pet Supply Directory -------- a comprehensive list of local pet supply businesses.

(A) contain
(B) contains
(C) containing
(D) is contained

解説 選択肢には動詞contain（〜を含む）の変化形が並んでいます。空欄の前はThe Manoel Pet Supply Directoryという名詞、空欄の後ろもof local pet supply businessesによって修飾されたa comprehensive listという名詞です。したがって空欄には文の動詞が入り、その前後は主語と目的語であることがわかります。(C) containingは文の動詞になれません。主語は単数形Directoryなので(A) containも選べません。残った2つの選択肢のうち目的語をとることができる(B) containsが正解となります。

訳 Manoel Pet Supply Directoryには地元のペット用品業者を網羅した一覧が含まれている。

正解 (B)【☞ 2-❹】

3.

The primary -------- of the project is to attract new prospective clients.

(A) purpose
(B) purposes
(C) purposed
(D) purposeful

解説 選択肢はpurpose（目的、〜を目的とする）の変化形と派生形。一方、英文を見ると、文の動詞となりうるのはisだけです。その後ろのto以下は「新たな見込み客を引きつけること」を意味する補語となっています。したがって、空欄に入る語はprimaryとof the projectによって前後から修飾された主語であると考えられます。選択肢のうち主語になることができるのは(A) purposeか(B) purposesですが、動詞がisであることから単数形の(A) purposeが正解となります。

訳 そのプロジェクトの主要な目的は新たな見込み客を引きつけることだ。
正解 (A)【☞ 2-❷】

4.

The new materials her team developed -------- being used in a wide variety of products.

(A) are
(B) is
(C) be
(D) been

解説 選択肢はbe動詞の変化形。英文には、文の動詞となりそうなものがdevelopedとusedの2つあります。まずdevelopedはher teamとともにカタマリとなって文の主語であるmaterialsを修飾しています。her teamの前に目的格の関係代名詞が省略されています。次にusedは、直前にbeingがあることから、useの受身be usedのing形であることがわかります。したがって空欄には文の動詞が入ります。選択肢は(A) areと(B) isに絞られますが、主語materialsが複数なので、正解は(A) areとなります。

訳 彼女のチームが開発した新素材は幅広い製品で使われている。
正解 (A)【☞ 2-❹】

5.
The company announced the cancellation of -------- to build a new chemical plant in Ottawa.

(A) plan
(B) plans
(C) planned
(D) planner

解説 選択肢はplan（計画、〜を計画する）の変化形と派生形。文の主語はThe company、動詞はannounced、その目的語はthe cancellationです。空欄に入る語は前置詞ofの目的語であり、その後ろのto以下によって修飾されていると考えられるので、空欄には名詞が入ることがわかります。選択肢には3つの名詞(A)、(B)、(D)がありますが、plan（計画）もplanner（計画者）も数えられる名詞なので、単数形の(A)と(D)は前にaやtheのような冠詞か人称代名詞の所有格が必要です。しかし空欄の直前はofなので、正解は複数形の(B) plansとなります。

訳 その会社はオタワに新しい化学工場を建設する計画の中止を発表した。
正解 (B)【☞ 2-❷】

6.
The hotel we booked offers high-speed wireless Internet access in -------- room.

(A) every
(B) all
(C) few
(D) much

解説 選択肢には数量を表す形容詞が並んでいます。The hotel we booked offers high-speed wireless Internet accessは「われわれが予約したホテルは高速な無線インターネット接続を提供している」という意味。空欄は前置詞inと名詞room（部屋）の間にあるので、前置詞の目的語roomを修飾する形容詞が入ることがわかります。選択肢のうち(B) allと(C) fewはいずれも名詞の複数形につく形容詞なので、単数形であるroomを修飾することはできません。(D) muchは数えられない名詞につく形容詞ですが、roomは数えられる名詞です。したがって正解は(A) everyです。

訳 われわれが予約したホテルでは、どの部屋でも高速なインターネット接続を提供している。
正解 (A)【☞ 2-❸】

7.
All documents used in the training workshop -------- by authors with deep expertise in their fields.

(A) to write

(B) be writing

(C) are written

(D) to be written

解説 選択肢は動詞 write のさまざまな形。文の主語は documents です。その直後の used は一見、文の動詞に思えますが、use は他動詞なのにその目的語になるものが見当たりません。また文意も「文書が使った」と不自然になります。ここでは used in the training workshop（研修で使用される）というカタマリで documents を修飾していると考えられます。空欄以降には動詞が見当たらないので、空欄には文の動詞が入ることがわかります。選択肢のうち文の動詞として働くものは (C) are written しかありません。

訳 研修で使用される文書はすべて、各分野に関する深い専門知識を持った著者たちによって書かれている。

正解 (C)【☞ 2-❶】

8.
Before she changed jobs, she had very -------- experience in the area of advertising.

(A) few

(B) all

(C) each

(D) little

解説 選択肢は数量を表す形容詞。英文冒頭の「彼女は転職する前」という節に続いて、主語の she、動詞の had があります。experience（経験）は had の目的語で、後ろから in the area of advertising（広告分野での）によって修飾されています。空欄には experience を修飾する形容詞が入ると考えられます。experience は単数形なので、複数形につく (A) few と (B) all は入りません。(C) each は単数形の名詞につきますが、複数のものに関して「それぞれの〜」という意味を表す語なので、文意からふさわしくありません。正解は数えられない名詞を修飾する (D) little。直前の very は little を修飾し意味を強めています。

訳 転職する前、彼女は広告分野での経験がほとんどなかった。

正解 (D)【☞ 2-❸】

Chapter 3

名詞の修飾

Chapter 3-❶ 所有格による名詞の修飾

よく出る度 3 ★★★

> 名詞の使いかたと単数・複数について勉強したし、もう名詞の問題が出ても完ぺきですね。

> いろいろなパターンを見てきたね。ただ、TOEICでは名詞を修飾する語句の形を選ばせる問題もよく出題されるんだ。このChapterでは、こうした名詞を修飾する語句のパターンを見ていこう。

まずは、Chapter 1で見た人称代名詞が名詞を修飾するパターンです。Chapter 1では人称代名詞の主格と目的格の使いかたを学びましたが、人称代名詞には「所有格」という格があり、名詞の前に置かれて、後ろの名詞を修飾します。「所有格」とはその名のとおり、「所有・所属」を表します。

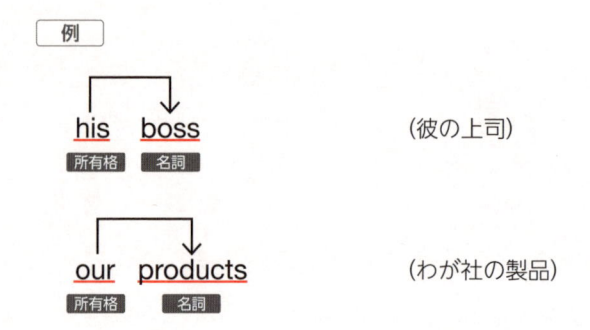

例

his　boss　　　　（彼の上司）
所有格　名詞

our　products　　（わが社の製品）
所有格　名詞

簡単に見えるかもしれませんが、TOEICではこの所有格を選ばせる問題が実際に高い頻度で出題されます。例題を見てみましょう。

例題 Though some measures have been taken to clean the river, -------- effect is still unclear.
(A) they
(B) their
(C) them
(D) theirs

Ⓐ Ⓑ Ⓒ Ⓓ

選択肢には人称代名詞theyの変化形が並んでいますね。文の前半は「川を浄化するいくつかの施策がとられたが」という意味の節で、カンマがあるので空欄以降が後半です。空欄の後にはeffect isという〈主語＋動詞〉と思われるものが並んでいるので、空欄に主格は入りません。ここではeffect（効果）を修飾する（B）theirを入れるのが正解です。このtheirは前半のmeasures（施策）を受ける代名詞で、their effectで「それらの施策の効果」という意味を表し、文の後半の主語になっています。

■ 所有格による名詞（主語）の修飾

Though some measures have been taken to clean the river,

<u>their</u> <u>effect</u> is still unclear.
所有格　名詞（主語）

（川を浄化するいくつかの施策がとられたが、その効果はまだ明らかではない）

人称代名詞の表で所有格を確認しておきましょう。

名詞を修飾する

	単　数				複　数			
	主格	所有格	目的格	所有代名詞	主格	所有格	目的格	所有代名詞
1人称	I	my	me	mine	we	our	us	ours
2人称	you	your	you	yours	you	your	you	yours
3人称	he	his	him	his	they	their	them	theirs
	she	her	her	hers				
	it	its	it	―				
	Ken	Ken's	Ken	Ken's				

　　上の英文では、所有格が主語になる名詞を修飾していましたが、所有格を選ばせる問題の中でも一番多いのが、他動詞の目的語となる名詞を修飾する所有格を問うタイプの問題です。

例題 To learn more about our company and services, please visit -------- Web site.
(A) we
(B) our
(C) us
(D) ourselves

Ⓐ Ⓑ Ⓒ Ⓓ

　この問題でも選択肢には人称代名詞の変化形が並んでいます。文前半は、「私たちの会社とそのサービスをもっと知るためには」という目的を表す不定詞句(〈主語＋動詞〉を含まないので「節」とは呼びません)。後半はpleaseで始まる命令文になっています。命令文なので主語がありません(命令文については156ページを参照してください)。

　空欄の前にvisitという他動詞があり、後ろにWeb siteという目的語と思われる名詞があるので、空欄にはこの目的語を修飾する所有格を入れるとぴったりです。正解は(B) our。

■所有格による名詞(目的語)の修飾

To learn more about our company and services,

please visit　our　Web site.
　　　　 動詞　所有格　名詞　(目的語)

(弊社および弊社のサービスの詳細については、弊社ウェブサイトをご覧ください)

　また、前置詞の目的語になる名詞を修飾する所有格を選ばせるパターンも少なくありません。前置詞の後ろに来る名詞を「前置詞の目的語」と呼ぶことを、覚えていますか？ (忘れてしまった人は25ページを参照してくださいね。)

例題 Ken needs to submit the final report for -------- advertising campaign by next week.

(A) he
(B) his
(C) him
(D) himself

Ⓐ Ⓑ Ⓒ Ⓓ

　この問題でも選択肢には人称代名詞の変化形が並んでいます。英文を見るとKenが主語でneedsが動詞の文ですね。need to submitで「提出する必要がある」という意味。その後ろのthe final report（最終報告書）がsubmitの目的語です。

　さて、空欄の前後のfor ------ advertising campaignは「広告キャンペーンの」という意味で、カタマリで直前のreportを説明しています。空欄には名詞advertising campaignを修飾する所有格の(B) hisを入れるのが正解です。

　このように、人称代名詞の所有格は名詞を修飾します。人称代名詞についてはこれまでに、主格、所有格、目的格、所有代名詞と見てきましたが、人称代名詞の中から適切なものを選ばせる問題では、その代名詞が文中でどのような働きかたをするかを考えてみることが大切です。

■ 所有格による名詞（前置詞の目的語）の修飾

Ken needs to submit the final report **for** **his** **advertising campaign**
　　　　　　　　　　　　　　　　　　　 前置詞　所有格　　名詞（前置詞の目的語）

by next week.

（Kenは来週までに広告キャンペーンの最終報告書を提出しなければならない）

なお、人称代名詞の所有格は、冠詞（a(n)、the）と一緒に使われることはありません。
例えば「私の友人の一人」は、×a my friendとは言わず、所有代名詞を使ってa friend of mineと言います。

The manager said leading the project was a major responsibility of hers.
（部長は、そのプロジェクトを主導することが彼女の主要な職務の一つだと言った）

Chapter 3-❷ 形容詞による名詞の修飾

よく出る度 3 ★★★

> このChapter、ずいぶん項目数が多いみたいですけど、名詞の修飾の仕方ってそんなにたくさんあるんですか？

> そうだね。TOEICではいろいろなタイプの名詞の修飾の仕方が問われるよ。

a tall boy、beautiful flowers …中学1年生のころから、皆さんはたくさんの形容詞を見てきたことと思います。名詞の前に置かれる形容詞。このセクションでは、名詞を修飾する語句の中でも、最も代表的な形容詞を取り上げます。

TOEICの文法問題ではpopular（人気のある）、necessary（必要な）、clear（明らかな）、easy（容易な）、wide（幅広い）といった平易な形容詞を選ばせる問題のほか、controversial（物議をかもす）、predictable（予想可能な、ありきたりの）、conclusive（最終的な、決定的な）のような少し難易度は高いものの、語尾に形容詞の特徴を持つ形容詞を選ばせる問題も数多く出題されています。たとえ単語の意味を知らなくても品詞が正しく捉えられれば解ける場合もあるので、Chapter 0の16〜18ページを参考に、品詞の感覚を身につけていきましょう。

例題 With the business expansion, Polar Bear Co. is seeking to hire -------- staff.
(A) addition
(B) additions
(C) additional
(D) additionally

Ⓐ Ⓑ Ⓒ Ⓓ

選択肢を見ると、動詞add（〜を加える）の派生語が並んでいます。(A)、(B)は「追加（すること）」という意味の名詞の単数形と複数形。(C)は「追加の」という意味の形容詞。(D)は「さらに、それに加えて」という意味の副詞です。

さて、英文のほうを見ると、Withからカンマまでが「事業拡大に伴い」という意味の修飾句（〈主語＋動詞〉がないので節ではありません）、Polar Bear Co.が主語、is seekingが動詞です。seek to hireで「雇用しようとする」という意味で、空欄の後ろにはstaff（スタッフ）という名詞がありますね。このstaffは動詞hire（〜を雇用する）の目的語と考えられるので、空欄にはこのstaffを修飾する形容詞 (C) additionalを入れるのが適切です。

■ 形容詞による名詞の修飾

With the business expansion, Polar Bear Co. is seeking to

hire **additional** **staff**.
　　　　形容詞　　名詞

（事業拡大に伴い、Polar Bear社は追加スタッフを雇用しようとしている）

-ionが名詞の語尾、-alが形容詞の語尾、-lyが副詞の語尾だと知っていれば、仮に選択肢の単語を知らなくても品詞から問題を解くことができますね。

さて、形容詞の特徴を持つ語尾の話をしましたが、もう一つ覚えておかなければならない形容詞の形があります。それは形容詞化した現在分詞／過去分詞です。

Chapter 0でも触れたとおり、動詞の-ing形を「現在分詞」、-ed形を「過去分詞」と呼びます（Chapter 1で学んだ「動名詞」も-ing形でしたが、現在分詞はそれとは別物です）。現在分詞は「〜する／〜している」という「能動・進行」を表し、過去分詞は「〜された／〜してしまった」という「受け身・完了」を表します。

これら分詞の使いかたは改めてあとのChapterで扱いますが、よく使われる分詞の中には、interesting（面白い）やtired（疲れた）のように完全に形容詞として定着してしまったものもあります。そしてこれらの形容詞にも元の現在分詞／過去分詞の意味が残っているので、その意味の違いを正しく理解しておくことが重要です。

例

excite（〜を興奮させる）　┬── exciting（興奮させるような）
　動詞　　　　　　　　　　│　　「興奮させる」
　　　　　　　　　　　　　└── excited（興奮した）
　　　　　　　　　　　　　　　「興奮させられた」

したがって、excitingとexcitedは次のように使われます。

The soccer game was **exciting**.（×excited）
（そのサッカーの試合ははらはらするものだった）

I was **excited** by the soccer game.（×exciting）
（私はそのサッカーの試合に興奮した）

現在分詞と過去分詞は混同しやすいので注意してください。さあ、ここではそうした「形容詞化した分詞」を選ぶ問題を見ておきましょう。

例題 This workshop will give you an -------- opportunity to grow your career.
(A) amaze
(B) amazing
(C) amazement
(D) amazingly

Ⓐ Ⓑ Ⓒ Ⓓ

ご覧のとおり、選択肢は動詞amaze（〜を驚かせる）の変化形、派生形です。英文の空欄の前後を見ると、前には冠詞のan、後ろには名詞opportunity（機会）があるので、空欄には形容詞の働きをする語が入ると見当がつきます。選択肢の中で形容詞の働きをするのは(B) amazing（素晴らしい）だけ。正解は(B)です。

amazingはもともと「驚かせるような」という意味の現在分詞ですが、今は完全に形容詞化しています。

■ 形容詞（〜ing）による名詞の修飾

This workshop will give you an <u>amazing</u> <u>opportunity</u> to grow your career.
　　　　　　　　　　　　　　　　　形容詞　　名詞

（このワークショップは、あなたのキャリアを発展させる素晴らしいチャンスをご提供します）

もう1問見ておきましょう。

例題 E-mail is the -------- method for contacting several staff members at a time.
(A) prefer
(B) preferred
(C) preferably
(D) preference

Ⓐ Ⓑ Ⓒ Ⓓ

選択肢は動詞 prefer（～を好む）の変化形と派生形。空欄の前後を見ると、やはり冠詞 the と名詞 method（方法）にはさまれているので、空欄には形容詞の働きをする語が入るとわかります。選択肢の中で形容詞の働きをするのは (B) preferred（好ましい、推奨される）だけ。正解は (B) です。

■ 形容詞（～ed）による名詞の修飾

E-mail is the <u>preferred</u> <u>method</u> for contacting several staff members at a time.
　　　　　　　形容詞　　　名詞

（メールは複数のスタッフと同時に連絡を取るのに適した手段だ）

TOEICでは、以下のような形容詞化した分詞も出題されます。ともによく使われる名詞と一緒に覚えておくと、すぐに意味が思い浮かんで便利です。

【現在分詞】
a **refreshing** walk（気分転換の散歩）、an **amazing** ability（素晴らしい能力）、a **promising** candidate（有望な候補者）、a **leading** manufacturer（大手メーカー）、**encouraging** signs（明るい兆候）

【過去分詞】
a **certified** broker（公認仲買人）、**repeated** requests（再三の要求）、a **motivated** worker（勤労意欲の高い労働者）、an **accomplished** plumber（熟練した配管工）、**automated** assembly line（自動組立ライン）、**distinguished** career（優れた経歴）、**limited** experience（限られた経験）

Chapter 3-❸ 現在分詞／過去分詞による名詞の修飾

よく出る度 2 ★★☆

> そういえば、interestingって語尾にingがついてる。もともと現在分詞だったんですね。初めから形容詞として使っていたので、特に意識したことがありませんでした。

> そうだね。このセクションでは、分詞らしい分詞について勉強するよ。

　前のセクションではもともと現在分詞／過去分詞だった形容詞について学びました。形は -ing形と -ed形でしたが、使いかたは形容詞と同じでしたね。ここでは分詞ならではの形を見てみましょう。

　先にも学んだとおり、現在分詞は「〜している」(進行) を、過去分詞は「〜された」(受け身) という意味を表し、名詞の前後に置かれて名詞を修飾します。これらは単独で動詞として働くことはありません。どちらも原則として、単独 (1語) では名詞の前に置かれ、目的語や修飾語などを伴う場合 (2語以上) は名詞の後ろに置かれて、名詞を修飾します。

例

[前置修飾]

running **water**　　（流れる水）
現在分詞 (1語)　名詞

[後置修飾]

water **running** from a tap　（蛇口から流れる水）
名詞　現在分詞 (後ろに語句を伴う)

＊上の2例は water (主語) + run (動詞・能動) の関係

[前置修飾]

recovered **data**　　（復元されたデータ）
過去分詞 (1語)　名詞

[後置修飾]

data recovered from a hard disk drive　（ハードディスクから復元されたデータ）
名詞　　過去分詞（後ろに語句を伴う）

＊上の２例はdata（主語）＋ be recovered（動詞・受動）の関係

　ただしTOEICにおいては、形容詞化していない分詞を選ぶ問題は、ほとんど語句を伴う後置修飾の形で出題されています。

例題　Customers -------- a credit card will be charged a three percent bank service charge.
(A) use
(B) using
(C) used
(D) will use

Ⓐ Ⓑ Ⓒ Ⓓ

　選択肢には動詞useの変化形が並んでいます。英文を見ると、文頭にCustomers（客）という名詞があり、空欄の後ろにもa credit card（クレジットカード）という名詞がありますね。そこで空欄には動詞を入れればいいように思えます。

　しかし、ちょっと待ってください。a credit cardの後ろを見るとwill be charged（請求される）という動詞が続いています。どちらが文の動詞なのでしょう？　さらに後ろまで見るとa three percent bank service charge（3パーセントの銀行手数料）とあり、will be chargedを文の動詞と考えると自然につながります。

　ここでは動詞ではなく現在分詞(B) usingを空欄に入れ、using a credit card（クレジットカードを使う）がCustomersを後ろから修飾している形にするとピッタリです。上で見たように、現在分詞は複数語句では名詞を後ろから修飾します。

■ 現在分詞による名詞の修飾

<u>Customers</u> (**using** a credit card) <u>will be charged</u> a three percent bank service charge.
　主語　　　　現在分詞（後置修飾）　　　　動詞

（クレジットカードをご利用のお客様は3パーセントの銀行手数料がかかります）

　文の構造がわかりづらい場合は、はじめのうちは上のように修飾部分をカッコに入れてみるとわかりやすくなります。ただしTOEIC本番では試験用紙に何かを書き込むことは認められていないので、いずれは頭の中でできるようになりましょう。
　もう1問見てみましょう。

例題 Laztech's big-budget marketing approach is a business practice -------- to large companies.
(A) will limit
(B) limiting
(C) to limit
(D) limited

Ⓐ Ⓑ Ⓒ Ⓓ

　選択肢には動詞limitの変化形が並んでいます。英文を見ると、Laztech's big-budget marketing approach is a business practice（Laztechの予算規模の大きいマーケティング手法はビジネス手法だ）で、〈主語＋be動詞＋補語〉の文が成立しています。とすると、空欄に動詞はいらないので、a business practiceを後ろから修飾する形にすればよさそうです。文脈的にpractice is limitedの関係なので、過去分詞limitedを入れるのが適切。正解は(D)です。

■ 過去分詞による名詞の修飾

<u>Laztech's big-budget marketing approach</u>　<u>is</u>
　　　　　　　主語　　　　　　　　　　　　　　　動詞

<u>a business practice</u> (**limited** to large companies).
　　　補語　　　　　　　過去分詞（後置修飾）

(Laztechの予算規模の大きいマーケティング手法は大企業に限られたビジネス手法だ)

語句を伴った現在分詞／過去分詞は、名詞を後ろから修飾すると言いましたが、実は形容詞でも同じように語句を伴って名詞を後ろから修飾することがあります。頻度は低いですが、TOEICでも出題されることがあるので、ここで1文見ておきましょう。

The new HR department will take over
<u>all the documents and information</u> **necessary** for labor contracts.
　　　　　　　名詞　　　　　　　　　　　　形容詞（後ろに語句を伴う）

(新しい人事部が労働契約に必要なあらゆる文書および情報を引き継ぐ)

　この文では、形容詞necessaryは後ろに語句を伴って、前にあるall the documents and informationという名詞句を後ろから修飾しています。

以下の文を見てください。Everyoneが主語、is worriedが動詞、because of以下が修飾句ですが、文末がbeing laid offとなっていますね。頻度は少ないものの、このbeingを選ばせる問題が出題されることもあります。being laid offは直前のpeopleを修飾しているのですが、単にlaid offでも意味はほとんど変わりません。ただ、beingが加わることで「進行」のニュアンスが加わり、リアルな英文になっています。

Everyone in accounting is worried because of the large number of people **being laid off**.

(経理部の人たちは皆、多くの人々が解雇されていくので戦々恐々としている)

Chapter 3-4 複合名詞

よく出る度 2 ★★☆

> さあ、今度は名詞が名詞を修飾するパターンを勉強するよ。

> えっ？ 名詞が名詞を修飾するんですか!?

「複合名詞」などと聞くと、なんだか難しそうで身構えてしまいますね。でも、心配はいりません。「複合名詞」とは〈名詞＋名詞〉の形のことで（名詞が3つ続く場合もあります）、日本語でもよく使われます。例えば「営業＋部長⇒営業部長」、「株主＋総会⇒株主総会」、「社員＋旅行⇒社員旅行」、「設立＋準備＋委員会⇒設立準備委員会」のように。

通常の英文法の本では「複合名詞」はそれほど大きく扱われませんが、TOEICでは日常英語の実情に合わせてよく出題されるので、慣れておく必要があります。

managerという名詞の前に名詞を置くパターンをいくつか見てみましょう。

branch	＋	manager	⇒	branch manager（支店長）
factory	＋	manager	⇒	factory manager（工場長）
accounting	＋	manager	⇒	accounting manager（経理部長）

> あれ、accountingって、前のセクションで見た現在分詞じゃないんですか？

> いいところに気づいたね。でもこのaccountingが現在分詞だとすると、現在分詞は「進行」を表すから、accounting managerは「説明している部長」という意味になってしまう。このaccountingはもともと動名詞だけど、今は「会計、経理」を意味する名詞だと考えたほうがいいね。

例題 Every month, all teachers at SilverLake High School are expected to attend the faculty --------.
(A) meet
(B) met
(C) meeting
(D) to meet

Ⓐ Ⓑ ⓒ Ⓓ

　選択肢は動詞meetの変化形です。英文を見ると、all teachers at SilverLake High Schoolが主語、are expectedが動詞ですね。空欄の前はattend the facultyで、attendは「〜に出席する」、facultyは「教員(団)」という意味です。名詞の後ろには何を入れたらいいのだろうかと思いがちですが、ここでは名詞meetingを入れ、attend the faculty meeting(職員会議に出席する)というつながりにするとピッタリです。
　TOEICで複合名詞が問われる場合は、ほとんどの場合、このように最後の名詞を選ばせる形で出題されます。

■ 複合名詞

Every month, all teachers at SilverLake High School are expected to attend the (faculty meeting).
　　　　　　　　　　　　　　　　名詞　　　名詞　　　複合名詞

(毎月、SilverLake高校の教員全員が職員会議に出席することになっている)

　ここでは、TOEICで出題される可能性のある複合名詞をいくつか見ておきましょう。

quality requirement(品質要求)、order confirmation(注文確認)、enrollment fee(入学金)、contract negotiation(契約交渉)、tourist attractions(観光名所)、patient care(患者ケア)、consumer preference(顧客の嗜好)、division manager(部長)、employee performance(従業員の業績)、dress code compliance(ドレスコードの順守)

Chapter 3　名詞の修飾

Chapter 3-⑤ 不定詞(形容詞的用法)

よく出る度 1
★☆☆

> 名詞の修飾の仕方ももう一息だよ。今度は不定詞の形容詞的用法だ。

> 私、「なんとか用法」と言われるとダメなんですよね……

　読者の皆さんの中にも、文法用語が苦手な人が少なくないかもしれませんね。不定詞とは〈to＋動詞の原形〉のことです。そして確かに不定詞には「名詞的用法」「形容詞的用法」「副詞的用法」と3つの用法がありますが、TOEICではこれらの用法の使い分けを問うような問題は出題されないので、安心してください。

　ここでは不定詞の形容詞的用法について学びますが、これは要するに「不定詞を形容詞として使う使いかた」、つまり「名詞を修飾する使いかた」という意味です。

例

time　to wait　　(待つ時間)
名詞　不定詞

a plan　to promote the product　(製品の販促計画)
名詞　　不定詞

　上の例では、time(時間)やa plan(計画)という名詞を、to wait(待つべき)、to promote the product(製品の販売促進をするための)という不定詞で始まる句が修飾していますね？　このように、名詞を(後ろから)修飾する不定詞の使いかたを「不定詞の形容詞的用法」と呼ぶのです。

例題 Today the president of Polar Bear Co. announced his intention -------- next month.
(A) to retire
(B) be retiring
(C) is retired
(D) will retire

ⒶⒷⒸⒹ

　選択肢には動詞retire（引退する、退職する）の変化形が並んでいます。一方、英文では文頭のTodayは時を表す副詞で、the president of Polar Bear Co.が主語、announced（〜を発表した）が動詞、his intention（意向）が目的語です。動詞はすでにあるので、空欄には目的語his intentionを修飾する不定詞を入れるのが適切です。his intention to retire next monthで「来月退任する（という）意向」という意味になります。正解は(A)。

■ 不定詞による名詞の修飾（形容詞的用法）

Today <u>the president of Polar Bear Co.</u>　<u>announced</u>
　　　　　　　　　主語　　　　　　　　　　　　　　動詞

<u>his intention</u>　(**to retire** next month).
　　目的語　　　　　　不定詞

（今日、Polar Bear社の社長は来月退任する意向を表明した）

Chapter 3-6 関係代名詞

よく出る度 2 ★★☆

> いよいよ、恐怖の関係代名詞ですか……

> なんだか顔色がよくないな。別に怖がることはないよ。これまで見てきた名詞の修飾の仕方の応用版だと思えばいいんだ。

これまでいろいろな名詞の修飾の仕方を見てきました。代名詞の所有格や形容詞は、名詞の前に置かれて名詞を修飾するものでした。また分詞が目的語や修飾語句を伴う場合や不定詞は、名詞を後ろから修飾するのでしたね。

ここで学ぶ関係代名詞も後ろから名詞を修飾するための単語なのですが、関係代名詞は、節（〈主語＋動詞〉を含むもののことでしたね）を導くパワーを持っています。そして修飾する名詞（「先行詞」と呼びます）が人か物か、また関係代名詞が節の中でどんな働きをしているかで変わるところがちょっぴり複雑です。

■ 関係代名詞

先行詞	節の中での働き		
	主語	所有格	目的語
人	who		whom
物・動物	which	whose	which
どちらも	that		that

＊ただし、目的格の関係代名詞は省略可能。
　また、〈前置詞＋関係代名詞〉ではthatは使えない→〈前置詞＋whom〉か〈前置詞＋which〉

上の表を見て、「？？？」のあなた、大丈夫ですよ。とりあえずTOEICに出るパターンだけ押さえておきましょう。ずばり、TOEICで出題されるのは以下の関係代名詞です。

先行詞	節の中での働き		
	主語	所有格	目的語
人	**who**		whom
物・動物	which	**whose**	which
どちらも	**that**		that

＊〈前置詞＋関係代名詞〉ではthatは使えない→〈前置詞＋whom〉か〈前置詞＋which〉

■ who

まずはwhoから見ていきます。関係代名詞のwhoは、修飾する名詞が人で、関係代名詞が節中で主語として働く場合に使います。そして節全体で前の名詞を修飾します。関係代名詞の問題の中では一番よく出題されるものです。

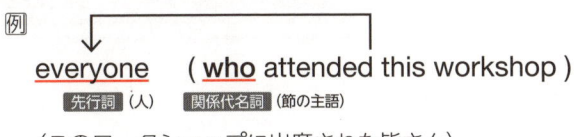

例

<u>everyone</u> (**who** attended this workshop)
　先行詞（人）　　関係代名詞（節の主語）

（このワークショップに出席された皆さん）

上の例では、who attended this workshop（このワークショップに出席した）という節がeveryoneという人を表す名詞を修飾していますね。そしてこのwhoはwho attended this workshopの中で主語の位置にあります。このカタマリは、例えばI'd like to thank everyone who attended this workshop.（このワークショップに出席された皆さんに感謝します）のような文で使われます。

■ whose

次にwhoseを見てみましょう。関係代名詞のwhoseは、後ろに名詞を伴って「〜の（名詞）」という意味で節を構成し、節全体で前の名詞を修飾します。修飾する名詞は人、物を問いません。

例

<u>an actress</u> (**whose** performance is popular in France)
　先行詞　　　　　関係代名詞 ＋ 名詞

（その演技がフランスで人気を博している女優）

この例では、whose performance（その演技）というカタマリが節の主語になっていますね。(whoseの場合、この後ろの名詞とセットで働くという点がポイントです。)そしてwhose performance is popular in France（その演技がフランスで人気の）という節全体でactress（女優）という名詞を修飾しています。この文では先行詞は人ですが、whoseは先行詞が物の場合にも使われます。

例

<u>products</u> (<u>whose</u> <u>quality</u> matches their prices)
　先行詞　　　関係代名詞　＋　名詞

（価格に見合う品質の製品）

　この例ではwhose quality matches their prices（その品質が価格に見合う）という節がproducts（製品）という名詞を修飾しています。

■ that

　ここまでのところは大丈夫ですか？　今度はthatを見てみましょう。関係代名詞のthatは上の表からもわかるとおり、先行詞が人でも物でも使え、かつ節中で主語としても目的語としても働く、かなり守備範囲の広い関係代名詞です。ですが、日常の場面ではふつう目的格の関係代名詞は省略されるためか、TOEICで出題されるのは主語としての使いかたです。

例

<u>a new system</u> (<u>that</u> simplifies the ordering procedures)
　　先行詞　　　　　関係代名詞（節の主語）

（発注処理を簡略化する新たなシステム）

上で見たwhoと使いかたは同じですね。ただし、thatは先行詞が人の場合でも物の場合でも使うことができます。

■ 〈前置詞＋関係代名詞〉

最後は〈前置詞＋関係代名詞〉です。まず例を見てみましょう。

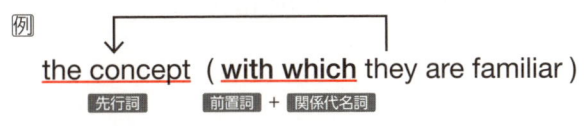

例
the concept (with which they are familiar)
　先行詞　　　　前置詞 ＋ 関係代名詞

（彼らになじみのある考えかた）

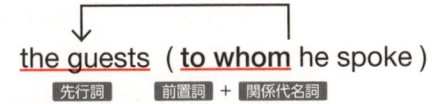

the guests (to whom he spoke)
　先行詞　　　前置詞 ＋ 関係代名詞

（彼が話しかけたゲスト）

これまでの関係代名詞と同じように、後ろの節全体で前の名詞を修飾しています。それぞれ、意味的に they are familiar with the concept（彼らはその考えかたになじみがある）、he spoke to the guests（彼はゲストに話しかけた）の関係にあることがわかるでしょうか。関係代名詞はふつう先行詞の直後に置かれるので、それと意味的に結びつきの強い前置詞が一緒に前に出たのが上の形なのです。

they are familiar with the concept → the concept with which they are familiar

he spoke to the guests → the guests to whom he spoke

なお、関係代名詞には、先行詞が人の場合はwhom、物や動物の場合はwhichを使います。表の下にもあるとおり、前置詞とセットで使われる場合、thatは使えません。

さあ、それではここまでの説明が理解できたかどうか、例題を解いて確認してみましょう。

例題 Employees -------- are late more than three times will lose their regularity allowance for the month.
(A) what
(B) whose
(C) which
(D) who

Ⓐ Ⓑ Ⓒ Ⓓ

選択肢にはwh-で始まる単語が並んでいます。疑問文ではないようなので、関係代名詞を選ぶ問題ですね。文の構造を確認すると、空欄の直後に動詞areがあり、少し後ろにwill loseともう一つ動詞が出てきます。そこで、空欄からwillの前までを関係代名詞が導く修飾節にすることを考えます。空欄の前（先行詞）はEmployees（従業員）なので「人」。また、空欄直後に動詞があるので、空欄に入る語は主語として働くと考えられます。正解は(D) whoです。文の構造を確認してください。

■ 関係代名詞who

Employees (**who** are late more than three times) will lose their
　主語　　　　　　　　関係詞節　　　　　　　　　　動詞

regularity allowance for the month.
（4回以上遅刻した従業員はその月の精勤手当がもらえない）

わからなかった人は、105ページのwhoの説明をもう一度読み直してくださいね。では次の問題を見てみましょう。

例題 Please be aware that passengers -------- luggage is over the weight limit will be charged a fee.
(A) who
(B) whose
(C) their
(D) they

Ⓐ Ⓑ Ⓒ Ⓓ

選択肢はwh-で始まる2語と、人称代名詞。文頭にPleaseがあるので命令文ですね（命令文については156ページを参照してください）。be aware that（〜ということに注意する）のthatに注目しましょう。このthatは接続詞なので、後ろには節が来るはずです。まずpassengers（乗客）という名詞があり、空欄、luggage（荷物）という名詞が続き、その後ろに動詞is (over the weight limit)がありますが、さらに後ろにもwill be chargedという動詞があります。

動詞が2つある場合には、どちらかが修飾語句の一部になるはず。ここでは空欄からweight limitまでを修飾節とすると、それ以外がpassengers will be charged a fee（乗客は料金を請求される）となってうまくつながります。修飾節を導けるのは関係代名詞。しかも後ろに名詞が来るとすれば……。そう、(B) whoseが正解です。下の構文分析を見てください。

■ **関係代名詞whose**

Please be aware that passengers (whose luggage is over the weight limit) will be charged a fee.
　　　　　　　　　接続詞　名詞（主語）　　関係代名詞＋名詞　　　　　　　　動詞

（荷物が重量制限を超えた乗客の方は料金がかかりますのでご注意ください）

関係代名詞whoseと続く名詞luggageが1つのカタマリとして修飾節の主語となっていることがわかりますね。関係代名詞を選ぶ問題では、空欄の直前直後の単語に注意することが大切です。もう1問見てみましょう。

例題 Quick-Up Finance developed a new marketing approach -------- middle-aged workers.
(A) is targeting
(B) that targets
(C) whose target of
(D) had targeted

Ⓐ Ⓑ Ⓒ Ⓓ

　選択肢を見ると、単語ではなく2語以上の語句から成るものが並んでいます。どれも動詞targetを含むものだということだけ確認して英文を見ると、空欄前まででQuick-Up Finance developed a new marketing approach (Quick-Up Financeは新たなマーケット手法を始めた)と、文として成立しています。文として成立しているのであれば、そのあと付け加えるのは修飾語句です。節を導く関係代名詞は、(B)のthatか(C)のwhoseですが、〈主語＋動詞〉がそろっているのは(B)だけです。正解は(B)。

■ 関係代名詞 that

Quick-Up Finance developed a new

<u>marketing approach</u>　(**that** targets middle-aged workers).
　　　名詞　　　　　　関係代名詞 (主語)

(Quick-Up Financeは中高年の労働者をターゲットとした新たなマーケティング手法を始めた)

　このtargetは動詞で「〜をターゲットとする」という意味。that targets middle-aged workers (中高年の労働者をターゲットとした)という節がmarketing approachという名詞を修飾しています。

最後にもう1問見てみましょう。

例題 Ken spent weeks preparing the presentation with -------- he got the prospective clients.
(A) who
(B) what
(C) which
(D) whose

Ⓐ Ⓑ Ⓒ Ⓓ

選択肢にはwh-で始まる語が並んでいます。疑問文ではなさそうなので、関係代名詞の問題だと予想されます。一方英文を見ると、Kenが主語、spentが動詞ですね。〈spend＋時間＋doing〉で「～するのに（時間）を費やす」という意味。つまりthe presentationまでで「プレゼンを準備するのに数週間かけた」という意味になります。そして空欄の直前には前置詞withがありますね。前置詞の後ろに来ることのできる関係代名詞はwhomかwhichなので、この時点で正解は(C) whichだと考えられますが、念のため文の構造を確認しましょう。

■ 前置詞＋関係代名詞

Ken spent weeks preparing <u>the presentation</u> (<u>with which</u> he got the prospective clients).
　　　　　　　　　　　　　　　　[名詞]　　　　　[前置詞＋関係代名詞]

（Kenは数週間かけて見込み客を得ることとなったプレゼンを準備した）

withには「～によって」と手段を表す使いかたがあります。カッコ内の節は直前のthe presentationを修飾しているわけですが、he got the prospective clients <u>with the presentation</u>（彼はそのプレゼンで見込み客を得た）のようにwithとpresentationの結びつきが強いので、with whichの語順になったわけです。正解は(C)。

112

Chapter 3-7 形容詞のもう一つの使いかた

よく出る度 3 ★★★

> このセクションでは、名詞を修飾するのとは違う形容詞の使いかたについて見ておこう。

> ああ、驚いた。まだ名詞の修飾の仕方があるのかと思いましたよ……

このChapterの2つ目のセクションでは、a tall boyのように名詞を修飾する形容詞について学びましたね。ところが形容詞にはThe boy is tall.のように、be動詞などの後ろに置かれて主語を説明する使いかたがあります。Chapter 1で学んだ「補語」としての使いかたです。「補語」という言葉、覚えていますか？（忘れてしまった人は27ページを参照してください。）

Chapter 1では名詞の補語としての使いかたを学びました。

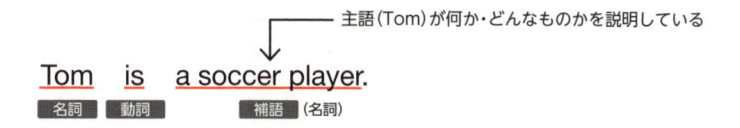

主語(Tom)が何か・どんなものかを説明している

Tom　is　a soccer player.
名詞　動詞　補語（名詞）

この補語の部分には形容詞が入ることもあります。例えば、

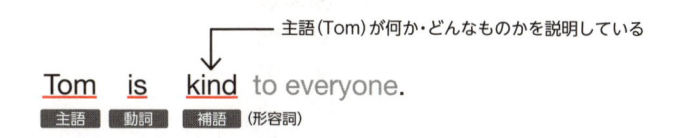

主語(Tom)が何か・どんなものかを説明している

Tom　is　kind to everyone.
主語　動詞　補語（形容詞）

この文では、kindという形容詞が主語のTomを説明しているわけです。TOEICでは、補語として使われる形容詞を選ばせる問題もよく出題されます。名詞を修飾する形容詞のところで見た、形容詞に特有の語尾や現在分詞／過去分詞の説明は、この補語として使われる形容詞についても当てはまります。

例題 The building material used to construct the bridge is very --------.

(A) duration
(B) durable
(C) durably
(D) durability

Ⓐ Ⓑ Ⓒ Ⓓ

　選択肢には、dur-を語幹に持つ名詞や形容詞、副詞が並んでいます。一方、英文を見ると、used、construct、isと動詞らしきものが3つもありますが、constructの直前にはtoがあり、used to constructを（～を建てるのに使われた）と、〈過去分詞＋不定詞〉と考えるとThe building material used to construct the bridgeが「その橋を建てるのに使われた建材」となってうまくつながります。ここまでが主語です。そのあとはbe動詞のisがあり、さらにvery --------が続いています。〈主語＋is very --------.〉という文ですから、空欄には補語となる形容詞が入ると考えられますね。選択肢の中で形容詞は -ableの語尾を持つdurable（耐久性のある）だけ。正解は(B)です。

■ 補語になる形容詞

<u>The building material used to construct the bridge</u> <u>is</u> very <u>durable</u>.
　　　　　　　　主語　　　　　　　　　　　　　be動詞　　　　補語

（その橋を建てるのに使われた建材は非常に耐久性がある）

　このChapterの2つ目のセクションでは形容詞化した現在分詞／過去分詞について学びましたね。こうした形容詞も同じように補語になります。

例題 It is -------- to work for a company that cares about its employees' personal well-being.
(A) encourage
(B) encourages
(C) encouraged
(D) encouraging

Ⓐ Ⓑ Ⓒ Ⓓ

　選択肢には動詞 encourage（～を励ます）の変化形が並んでいます。英文を見ると、いきなり It is ... to work という表現が目に飛び込んできます。「～するのは…だ」という意味を表す It is ... to 構文、中学で勉強したのを覚えているでしょうか。It が仮主語（または形式主語）、to 以下が真主語というアレです。つまりこの文の本当の主語は、to から文末まで。長い、長い主語ですね。ちなみに work for a company は「会社のために働く」、that 以下が前のセクションでやった関係代名詞による修飾節で、company that cares about its employees' personal well-being で「従業員の個人の幸福を気にかける会社」という意味になります。

　さて、空欄に入る語ですが、be 動詞の後ろなので補語が入ります。選択肢のうち、(A)、(B) は動詞の変化形。形容詞になり得るのは過去分詞の (C) encouraged、現在分詞の (D) encouraging の 2 つです。「会社で働くこと」が主語なので、正解は「励みになる」を意味する現在分詞の (D)。過去分詞だと「励まされる」という意味になります。

It　is　encouraging　to work for a company (that cares about its
仮主語　動詞　補語　　　　　　　　　　　真主語

employees' personal well-being).

（従業員の個人の幸福を気にかける会社で働くことは励みになる）

次の問題はどうでしょうか。

例題 The sales manager was quite -------- that no one on his team hit their sales target.
(A) disappoint
(B) disappointing
(C) disappointed
(D) disappointment

Ⓐ Ⓑ Ⓒ Ⓓ

選択肢は動詞 disappoint（～をがっかりさせる）の変化形と派生形。英文は、The sales manager（営業部長）が主語で、was が動詞ですね。空欄の後ろには接続詞の that があり、no one on his team hit their sales target（彼のチームがだれも売上目標に達しなかった）と続いています。この that 節は「彼のチームがだれも売上目標に達しなかったので」と理由を表す副詞節で、内容的に考えて (C) disappointed（がっかりした）を入れるのが適切です。

The sales manager　was　quite disappointed　that no one on his
　　[主語]　　　　　[動詞]　　　　　[補語]

team hit their sales target.

（営業部長は自分のチームがだれも売上目標に達しなかったので、とてもがっかりした）

このように補語をとる動詞の代表は be 動詞ですが、それ以外の動詞が補語をとることもあります。

例題 Given the current situation, the new company policy seems --------.
(A) appropriate
(B) appropriation
(C) appropriateness
(D) appropriately

Ⓐ Ⓑ Ⓒ Ⓓ

　上の選択肢を見て、すべての単語の品詞がわかりますか？ -tion、-ness という語尾から (B) appropriation(充当) と (C) appropriateness(適切性) が名詞、-ly という語尾から (D) appropriately(適切に) が副詞であることは見当をつけたいところです。

　英文を見ると、文頭が Given という過去分詞で始まっていますね。これはもともと Given that ...(～ということが与えられると)という表現から生じたもので、慣用的に〈Given＋名詞(句)〉で「～を考えると」という意味を表します。Given the current situation, で「現在の状況を考えると」。全体で修飾語句になっています。the new company policy(会社の新しい方針)が文の主語です。

　seems は「～のように思われる」という意味の動詞で、be 動詞と同じように後ろに補語をとります。文法的には名詞も補語になりえますが、意味も含めて考えると、適切なのは形容詞の appropriate(適切な)。正解は (A) です。

■ 補語をとる be 動詞以外の動詞

Given the current situation, <u>the new company policy</u> <u>seems</u>
　　　　　　　　　　　　　　　　　[主語]　　　　　　　　　　[動詞]

<u>appropriate</u>.
[補語]

(現在の状況を考えると、会社の新しい方針は適切であるように思われる)

　TOEIC を受けるときに特に注意したいこのタイプの動詞には、seem のほかに、become(～になる)、look(～のように見える)、stay(～のままである)、remain(～のままである)などがあります。

プラチナセンテンス

🎵 MP3 ▶ 08

050 Though some measures have been taken to clean the river, their effect is still unclear.
(川を浄化するいくつかの施策がとられたが、その効果はまだ明らかではない)

051 To learn more about our company and services, please visit our Web site.
(弊社および弊社のサービスの詳細については、弊社ウェブサイトをご覧ください)

052 Ken needs to submit the final report for his advertising campaign by next week.
(Kenは来週までに広告キャンペーンの最終報告書を提出しなければならない)

053 The manager said leading the project was a major responsibility of hers.
(部長は、そのプロジェクトを主導することが彼女の主要な職務の一つだと言った)

054 With the business expansion, Polar Bear Co. is seeking to hire additional staff.
(事業拡大に伴い、Polar Bear社は追加スタッフを雇用しようとしている)

055 This workshop will give you an amazing opportunity to grow your career.
(このワークショップは、あなたのキャリアを発展させる素晴らしいチャンスをご提供します)

056 E-mail is the preferred method for contacting several staff members at a time.
(メールは複数のスタッフと同時に連絡を取るのに適した手段だ)

MP3 ▶09

057 **Customers using a credit card will be charged a three percent bank service charge.**
(クレジットカードをご利用のお客様は3パーセントの銀行手数料がかかります)

058 **Laztech's big-budget marketing approach is a business practice limited to large companies.**
(Laztechの予算規模の大きいマーケティング手法は大企業に限られたビジネス手法だ)

059 **The new HR department will take over all the documents and information necessary for labor contracts.**
(新しい人事部が労働契約に必要なあらゆる文書および情報を引き継ぐ)

060 **Everyone in accounting is worried because of the large number of people being laid off.**
(経理部の人たちは皆、多くの人々が解雇されていくので戦々恐々としている)

061 **Every month, all teachers at SilverLake High School are expected to attend the faculty meeting.**
(毎月、SilverLake高校の教員全員が職員会議に出席することになっている)

062 **Today the president of Polar Bear Co. announced his intention to retire next month.**
(今日、Polar Bear社の社長は来月退任する意向を表明した)

063 **Employees who are late more than three times will lose their regularity allowance for the month.**
(4回以上遅刻した従業員はその月の精勤手当がもらえない)

MP3 ▶ 10

064 Please be aware that passengers whose luggage is over the weight limit will be charged a fee.
（荷物が重量制限を超えた乗客の方は料金がかかりますのでご注意ください）

065 Quick-Up Finance developed a new marketing approach that targets middle-aged workers.
（Quick-Up Financeは中高年の労働者をターゲットとした新たなマーケティング手法を始めた）

066 Ken spent weeks preparing the presentation with which he got the prospective clients.
（Kenは数週間かけて見込み客を得ることとなったプレゼンを準備した）

067 The building material used to construct the bridge is very durable.
（その橋を建てるのに使われた建材は非常に耐久性がある）

068 It is encouraging to work for a company that cares about its employees' personal well-being.
（従業員の個人の幸福を気にかける会社で働くことは励みになる）

069 The sales manager was quite disappointed that no one on his team hit their sales target.
（営業部長は自分のチームがだれも売上目標に達しなかったので、とてもがっかりした）

070 Given the current situation, the new company policy seems appropriate.
（現在の状況を考えると、会社の新しい方針は適切であるように思われる）

章末チェック

1.
She has demonstrated outstanding commitment to difficult projects -------- has earned her respect from her peers.
(A) who
(B) what
(C) that
(D) where

Ⓐ Ⓑ Ⓒ Ⓓ

2.
Over the years, our company has been dedicated to providing -------- office supplies at competitive prices.
(A) reliably
(B) reliable
(C) relying
(D) relies

Ⓐ Ⓑ Ⓒ Ⓓ

3.
The section chief's uplifting speech left all of his colleagues feeling -------- about the future of their company.
(A) excite
(B) excited
(C) exciting
(D) excitement

Ⓐ Ⓑ Ⓒ Ⓓ

4.
New marketing strategies resulted in sales -------- the annual goal by 20 percent.
(A) exceed
(B) exceeds
(C) exceeded
(D) exceeding

Ⓐ Ⓑ Ⓒ Ⓓ

5.
With its large sign in front, the grocery store is very -------- to find.
(A) ease
(B) easy
(C) easily
(D) eases

Ⓐ Ⓑ Ⓒ Ⓓ

6.
We are writing to inform you that -------- subscription to International Trade Weekly will expire on September 30.
(A) you
(B) yourself
(C) your
(D) yours

Ⓐ Ⓑ Ⓒ Ⓓ

7.
Groups of over 20 people receive a 15% discount on the -------- fee for the garden.
(A) entered
(B) enters
(C) entering
(D) entrance

Ⓐ Ⓑ Ⓒ Ⓓ

8.
Please make sure that you have all -------- forms filled out before turning them in.
(A) necessary
(B) necessarily
(C) necessity
(D) necessitate

Ⓐ Ⓑ Ⓒ Ⓓ

9.
To learn more about easy ways -------- money on your electricity bill, please visit our Web site.
(A) save
(B) to save
(C) saved
(D) saving

10.
Next business day delivery is available for all orders -------- before 3 P.M.
(A) placed
(B) places
(C) had placed
(D) placing

11.
The following chart shows the percentage of customers -------- prefer to shop online rather than in person.
(A) which
(B) whose
(C) whom
(D) who

12.
Despite -------- delays in the renovation work, the library reopened on schedule last week.
(A) repeat
(B) repeated
(C) repeatedly
(D) repetition

13.
Plane passengers are asked to turn off -------- mobile phones during takeoff and landing.
(A) their
(B) theirs
(C) they
(D) themselves

Ⓐ Ⓑ Ⓒ Ⓓ

14.
The company has a training program in -------- employees are given the opportunity to learn the various aspects of customer service.
(A) whose
(B) whom
(C) which
(D) that

Ⓐ Ⓑ Ⓒ Ⓓ

15.
Duane Company has been the area's -------- supplier of building materials for over 20 years.
(A) lead
(B) to lead
(C) leader
(D) leading

Ⓐ Ⓑ Ⓒ Ⓓ

16.
Although the two electronics giants have widely varying marketing strategies, their products are -------- in many ways.
(A) compares
(B) comparing
(C) comparison
(D) comparable

Ⓐ Ⓑ Ⓒ Ⓓ

解答解説

1.
She has demonstrated outstanding commitment to difficult projects -------- has earned her respect from her peers.

(A) who
(B) what
(C) that
(D) where

解説 選択肢は関係代名詞。英文を見ると、空欄の前には主語 She、動詞 has demonstrated があります。空欄の後ろには動詞 has earned があり、「彼女に同僚からの尊敬をもたらした」という意味になっているので、空欄には has earned の主語に当たる関係代名詞が入るとわかります。先行詞は commitment（関与）であると考えられるので、選択肢から人以外を先行詞とする主格の関係代名詞を探すと、正解は (C) that となります。

訳 彼女は難しいプロジェクトに献身的に取り組み、同僚の尊敬を集めてきた。

正解 (C)【☞ 3-❻】

2.
Over the years, our company has been dedicated to providing -------- office supplies at competitive prices.

(A) reliably
(B) reliable
(C) relying
(D) relies

解説 選択肢は動詞 rely（頼る）の派生形、変化形。文の主語は our company、動詞は has been dedicated です。be dedicated to は「〜に専念する」という意味です。この to は前置詞なのでその目的語は動詞 provide（〜を提供する）の動名詞になっています。空欄の後ろにある名詞 office supplies（事務用品）は providing の目的語であると考えられるので、空欄には名詞を修飾する形容詞が入るとわかります。したがって、形容詞を作る語尾 -able をもつ (B) reliable（信頼できる）が正解です。

訳 長年にわたり、弊社は信頼性の高い事務用品を低価格で提供することに尽力してまいりました。

正解 (B)【☞ 3-❷】

3.

The section chief's uplifting speech left all of his colleagues feeling -------- about the future of their company.

(A) excite
(B) excited
(C) exciting
(D) excitement

解説 選択肢には動詞excite（～を興奮させる）の変化形と名詞excitement（興奮）が並んでいます。英文の主語はThe section chief's uplifting speech（課長の高揚感をもたらすスピーチ）、動詞はleftです。leaveには〈leave＋名詞＋doing〉（…を～させる）という使いかたがあり、left all of his colleagues feelingで「同僚皆に～を感じさせた」という意味になります。feelのあとにexciteのどの形を入れるかですが、同僚は「（スピーチに）興奮させられた＝興奮した」という関係にあるので、正解は過去分詞の(B) excitedとなります。

訳 課長の高揚感をもたらすスピーチで、同僚たちは皆、会社の将来について興奮した気分になった。

正解 (B) 【☞ 3-❼】

4.

New marketing strategies resulted in sales -------- the annual goal by 20 percent.

(A) exceed
(B) exceeds
(C) exceeded
(D) exceeding

解説 選択肢には動詞exceed（～を上回る）の変化形が並んでいます。文の動詞はresultedで、ここではresult in（結果として～が生じる）の形で使われています。sales（売上）は前置詞inの目的語で、空欄にはその後ろの部分とsalesを結ぶ語が入ると考えられますが、文の動詞はあるので(A) exceedと(B) exceedsは選べません。(C) exceededをsalesを後ろから修飾する過去分詞と考えても直後のthe annual goal（年間目標）とうまくつながりません。the annual goalは空欄に入る語の目的語と考えられるので、現在分詞である(D) exceedingが正解となります。

訳 新しいマーケティング戦略の結果、年間目標を20パーセント上回る売上を達成した。

正解 (D) 【☞ 3-❸】

5.

With its large sign in front, the grocery store is very -------- to find.

(A) ease
(B) easy
(C) easily
(D) eases

解説 選択肢には動詞ease（〜を緩和する）の派生形、変化形が並んでいます。英文冒頭のWithからカンマまでは「正面に大きな看板がある」という状況を示しています。文の主語はthe grocery store、動詞はisです。空欄の後ろにfind（〜を見つける）の不定詞があることから、「その食料品店はとても簡単に見つかる」という意味になるように、空欄には補語となる形容詞を入れるのが適切です。正解は(B) easyです。

訳 正面に大きな看板があるので、その食料品店はとても簡単に見つかる。

正解 (B)【☞ 3-❼】

6.

We are writing to inform you that -------- subscription to International Trade Weekly will expire on September 30.

(A) you
(B) yourself
(C) your
(D) yours

解説 選択肢は人称代名詞。英文は「あなたに知らせるために（この文章を）書いています」と始まっています。thatは接続詞で、知らせる内容を表します。that節中の主語はsubscription（定期購読）、動詞はwill expire（有効期間が切れる）なので、空欄にはsubscriptionを修飾する語が入ると考えられます。したがって、所有格である(C) yourが正解となります。

訳 International Trade Weeklyの定期購読期間が9月30日で終了いたしますことをご連絡申し上げます。

正解 (C)【☞ 3-❶】

7.

Groups of over 20 people receive a 15% discount on the -------- fee for the garden.

(A) entered
(B) enters
(C) entering
(D) entrance

解説 選択肢には動詞enter（～に入る）の変化形と派生語が並んでいます。一方、英文はGroups of over 20 people receive a 15% discount（20人を超える団体は15%の値引きを受ける）と始まっています。discount（値引き）の対象を示す前置詞onの目的語は空欄の後ろにあるfee（料金）で、空欄にはfeeを修飾する語が入ると考えられます。文法的には(C) enteringも入れられますが、ここでは文意から名詞の(D) entranceを入れentrance fee（入場料）とするのが正解です。

訳 20人を超える団体はその庭園の入場料が15%引きになる。

正解 (D)【☞ 3-❹】

8.

Please make sure that you have all -------- forms filled out before turning them in.

(A) necessary
(B) necessarily
(C) necessity
(D) necessitate

解説 選択肢には形容詞necessary（必要な）の派生語が並んでいます。英文はPleaseで始まる命令文なので、文の主語はありません。動詞make sure（～を確認する）の後ろのthatは接続詞です。空欄の前は形容詞all、後ろはthat節中の動詞haveの目的語である名詞formsなので、空欄に入る語はallとともにformsを修飾していると考えられます。したがって、正解は形容詞の(A) necessaryになります。〈have＋目的語＋過去分詞〉で「…を～された状態にする」という意味の表現です。

訳 必要な用紙すべてが記入済であるか提出前に確認してください。

正解 (A)【☞ 3-❷】

9.

To learn more about easy ways -------- money on your electricity bill, please visit our Web site.

(A) save
(B) to save
(C) saved
(D) saving

解説 選択肢には動詞save（〜を節約する）の変化形が並んでいます。カンマ以降の英文は「私たちのウェブサイトを訪れてください」という命令文で、冒頭のTo learn more aboutは「〜についてもっと知るには」という目的を表しています。空欄の前にはways（方法）、後ろにはmoney on your electricity bill（電気料金）があることから、不定詞の形容詞的用法を使いwaysを後ろから修飾する形にすれば「電気料金を節約するための方法」と文意が通ることがわかります。正解は不定詞の(B) to saveです。

訳 電気料金を節約する簡単な方法についてもっと知るには、私たちのウェブサイトをご覧ください。

正解 (B) 【☞ 3-❺】

10.

Next business day delivery is available for all orders -------- before 3 P.M.

(A) placed
(B) places
(C) had placed
(D) placing

解説 選択肢には動詞placeの変化形が並んでいます。英文の冒頭から空欄の直前までは「すべての注文は翌営業日の配送が利用できる」という意味で、〈主語＋be動詞＋補語〉の完全な文となっています。空欄に入る語は後ろのbefore 3 P.M.とともに直前の名詞ordersを修飾すると考えられますが、空欄に動詞は入らないので(B) placesと(C) had placedは選べません。ordersとplaceの関係はorders＋be placedという関係にあるので、正解は過去分詞の(A) placedとなります。place an order（注文をする）は頻出表現です。

訳 午後3時前までのご注文はすべて翌営業日のお届けが可能です。

正解 (A) 【☞ 3-❸】

11.

The following chart shows the percentage of customers -------- prefer to shop online rather than in person.

(A) which
(B) whose
(C) whom
(D) who

解説 選択肢にはwh-で始まる語が並んでいます。一方、空欄の前は「次のグラフは顧客の割合を示しています」という意味で、主語はThe following chart、動詞はshowsです。選択肢の形と、空欄の直後が動詞prefer（〜を好む）であることから、空欄には直前の名詞customers（顧客）を先行詞とする関係代名詞が入ることがわかります。customersは人、関係代名詞の節中での働きは主語なので、正解は(D) whoとなります。

訳 次のグラフは店に行くよりもオンラインでの買い物を好む顧客の割合を示しています。

正解 (D) 【☞ 3-❻】

12.

Despite -------- delays in the renovation work, the library reopened on schedule last week.

(A) repeat
(B) repeated
(C) repeatedly
(D) repetition

解説 選択肢には動詞repeat（〜を繰り返す）の変化形と派生形が並んでいます。空欄の前後を見ると、前には前置詞のDespite（〜にもかかわらず）、後ろにはその目的語である名詞のdelays（遅れ）があるので、空欄には名詞を修飾する語が入ることがわかります。選択肢の中でそのような働きをする語は形容詞化した過去分詞である(B) repeatedだけです。

訳 改修工事の再三の遅れにもかかわらず、図書館は先週予定どおり再開した。

正解 (B) 【☞ 3-❷】

13.

Plane passengers are asked to turn off -------- mobile phones during takeoff and landing.

(A) their
(B) theirs
(C) they
(D) themselves

解説 選択肢には人称代名詞theyの変化形が並んでいます。文の主語はPlane passengers（飛行機の乗客）、動詞はare askedです。ask ... to doで「…に〜することを求める」という意味になります。ここでは受身の形で使われています。空欄直後のmobile phones（携帯電話）はturn off（〜の電源を切る）の目的語であると考えられるので、これを修飾するものが空欄に入るとわかります。正解は所有格である(A) theirです。

訳 飛行機の乗客は離着陸時に携帯電話の電源を切ることを求められる。

正解 (A)【☞ 3-❶】

14.

The company has a training program in -------- employees are given the opportunity to learn the various aspects of customer service.

(A) whose
(B) whom
(C) which
(D) that

解説 選択肢には関係代名詞が並んでいます。英文は「会社には研修制度がある」と始まっていますが、空欄には関係代名詞が入るので、空欄の後ろにあるemployeesを主語、are givenを動詞とする節は、関係代名詞節であるとわかります。空欄に入る関係代名詞はprogramを先行詞としてinの目的語になります。先行詞が人以外で目的格の関係代名詞は(C) whichと(D) thatですが〈前置詞＋関係代名詞〉の場合にthatは使えないので、正解は(C)となります。

訳 その会社には従業員がカスタマーサービスのさまざまな側面を知る機会を与えられる研修制度がある。

正解 (C)【☞ 3-❻】

15.

Duane Company has been the area's -------- supplier of building materials for over 20 years.

(A) lead
(B) to lead
(C) leader
(D) leading

解説 選択肢には動詞lead（～を導く）の変化形と派生形が並んでいます。空欄の直後にある名詞supplier（供給業者）は文の動詞has beenの補語なので、空欄に入る語は直前にあるthe area'sとともにsupplierを修飾していると考えられます。したがって、正解は形容詞化した現在分詞である(D) leadingとなります。

訳 Duane社は20年以上にわたり地域大手の建設資材供給業者であり続けている。

正解 (D)【☞ 3-❷】

16.

Although the two electronics giants have widely varying marketing strategies, their products are -------- in many ways.

(A) compares
(B) comparing
(C) comparison
(D) comparable

解説 選択肢には動詞compare（～を比べる）の変化形と派生形が並んでいます。英文は、冒頭、接続詞Although（～ではあるが）で始まる節に続いて、文の主語their products（製品）と動詞areがあります。空欄の後ろにはin many ways（多くの点で）という修飾語句しかないことと、動詞がbe動詞であることから、空欄には補語となる語が入るとわかります。選択肢のうち(B)、(D)が候補になりますが、文意から形容詞である(D) comparable（似た）が正解となります。

訳 その家電大手2社のマーケティング戦略は大きく異なるが、両社の製品は多くの点で似ている。

正解 (D)【☞ 3-❼】

Chapter 4
動詞で気をつけるべきこと

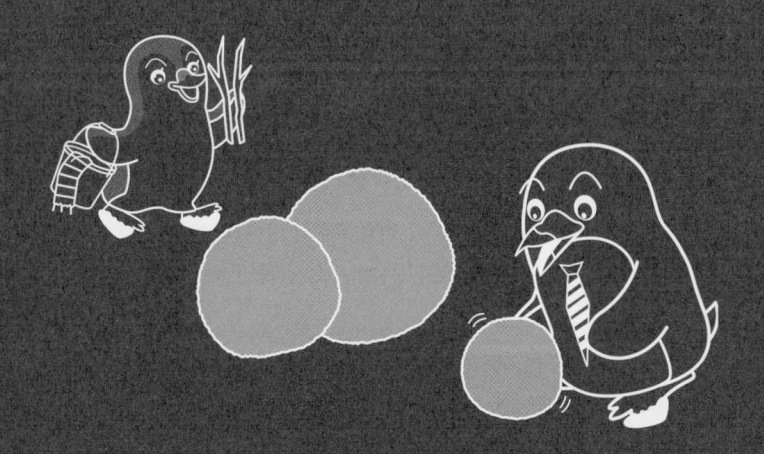

Chapter 4-① 基本時制

よく出る度 2 ★★☆

> さあ、ここまでは名詞とそれを修飾する言葉について学んできたけど、このChapterからは動詞の勉強をするよ。

> 特に名詞と動詞が大事なんでしたよね。気持ちを切り替えて頑張ります！

そう、動詞は動作や状態を表す言葉。英文の中でも中心となる重要な品詞です。TOEICの文法問題では、選択肢に動詞の変化形が並んだ問題も高い頻度で出題されるので、このChapterの内容をきちんと理解して対応できるようにしておきましょう。

英語には、大きく分けて現在、過去の2つの時制がありますが（未来表現は現在に含まれます）、時制も動詞の変化形で表します。このセクションでは時制について学習します。

例題 The Central Museum tour -------- at 1:00 P.M. and 4:00 P.M. every day.
(A) start
(B) was started
(C) are starting
(D) starts

Ⓐ Ⓑ Ⓒ Ⓓ

選択肢には、動詞 start（始まる）の変化形が並んでいます。次に英文を見ると、空欄の前までが「Central 美術館のツアーは」ということで、これが主語のようですね。

まず Chapter 2 で学んだ「主語と動詞の一致」の観点から考えてみましょう。主語は tour と単数です。なので、(A) start と (C) are starting は正解にはなりません。残る (B) was started と (D) starts ですが、文末に every day（毎日）とあり、過去の受動態である (B) を入れるのは不自然です。正解は (D)。

これは「毎日午後1時と午後4時に始まる」という意味の文で、現在形の動詞が日々繰り返される「習慣的な動作・反復的な出来事」を表しています。また、She is a famous photographer. (彼女は有名な写真家だ)、He has a university degree. (彼は大学の学位を持っている) といった文の現在形の動詞は、おそらくきのうも今日も明日もそうである現在の「状態」を表しています。「現在形」というと、瞬間的な現在の時点を想像しがちですが、実際にはこのように、「時間の幅を持った現在」を表しているのです。今まさに行っている動作、生じつつある変化などは「現在進行形」で表します。TOEICで現在形を選ばせる問題はそれほど多く出題されませんが、出題されるときは、「習慣的な動作・反復的な出来事」を表すものとして出題されています。

■ 現在の文

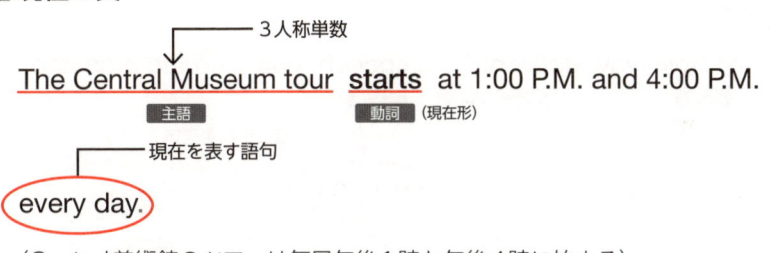

The Central Museum tour **starts** at 1:00 P.M. and 4:00 P.M.
（主語）　　　　　　　　　　　　動詞（現在形）
　　　　　　　　　　　　　　　　── 3人称単数
── 現在を表す語句
every day.

（Central美術館のツアーは毎日午後1時と午後4時に始まる）

選択肢に動詞の変化形が並んでいる問題では、主語（の単数・複数）と、時間を表す語句に注目することが大切です。

では次の問題はどうでしょうか。

例題 Senator Holloway -------- a speech regarding the pros and cons of the new policy reform yesterday.
(A) delivered
(B) delivers
(C) delivering
(D) will deliver

ⒶⒷⒸⒹ

選択肢は動詞deliver (〈演説など〉をする) の変化形が並んでいます。英文の主語がSenator Holloway、動詞が空欄に入る語であることはわかりやすいと思います。ちなみ

にregarding（〜について）という前置詞はTOEICで比較的よく使われる語なので覚えておきましょう。

　選択肢のうち、(C) delivering以外はすべて動詞として働きますが、文末のyesterday（きのう）に合うのは過去形の(A) deliveredだけ。正解は(A)です。

　過去形は文字どおり「過去」の出来事を表します。たった今起こったばかりのことも、何億年前のことも、過去形で表します。過去形を選ばせる問題は比較的よく出題されますが、last month（先月）、three days ago（3日前）、recently（最近）といった過去を表す表現を見落とさなければ間違えずに解くことができます。

■ 過去の文

Senator Holloway **delivered** a speech regarding the pros and
　　　主語　　　　　　動詞（過去形）　目的語

過去を表す語句

cons of the new policy reform (yesterday.)

（Holloway上院議員はきのう、新たな政策改革の是非について演説を行った）

　頻度は高くありませんが、助動詞（に相当する語句）の過去形を選ばせる問題も出題されます。次の文はthe companyを後ろのhe'd spent years building（築くのに何年も費やした）が修飾していますが、よく見るとhe'd spentは〈had＋過去分詞〉の過去完了形。過去形の動詞とともに使われて、その（過去の）時点よりも以前の出来事を表す時制です。この文ではdissolveは過去形ではありませんが、その代わりにhad toと助動詞が過去形になっています。

Due to financial problems, Scott **had to** dissolve the company he'd spent years building.

（財政的な問題のために、Scottは長年かけて築いてきた会社を解散しなければならなかった）

この文の場合は、he'd spent years building が時を表す語句の代わりになっているわけです。

時制の問題、少しは慣れてきたでしょうか？　では次の問題です。

例題　Moon Techno -------- a new video streaming service later this month.
(A) to launch
(B) will launch
(C) launched
(D) have launched

Ⓐ Ⓑ Ⓒ Ⓓ

　選択肢には動詞launch（〜を開始する）の変化形が並んでいますね。文頭のMoon Technoが主語、そして文中に動詞らしいものが見当たらないことから、空欄に入るのは動詞だと考えられます。したがって、文中で動詞として働かない(A)と3人称単数の主語に対応しない(D)は選択肢から外れます。次にポイントになるのはlater this month（今月中には）という未来を表す表現。(C)は過去形。正解は(B)です。

　英語の動詞には「未来形」はなく、〈will＋動詞の原形〉の形で未来のことを表します。中学のころ、「〜でしょう」「〜するつもりです」と訳すと習ったかもしれませんが、実際には話者は（未来の）事実として述べているだけなので、そのように訳すケースはそれほど多くありません。例えば、I'll be back in a few minutes.（2、3分で戻ります）、The opening sale will run from April 2 through April 5.（オープニングセールは4月2日から5日まで開催されます）のように使うわけです。

　過去の文と同様、〈will＋動詞の原形〉を選ばせる問題では、next year（来年）や as soon as（〜したらすぐに）のように未来を示唆する表現が入っています。見落とさないようにしてください。

■ 未来の文

<u>Moon Techno</u>　<u>will</u>　<u>launch</u> <u>a new video streaming service</u>
　　主語　　　未来を表す助動詞　　動詞　　　　　　　　目的語

　　　　　　　　未来を表す語句
<u>later this month.</u>

(Moon Technoは今月中に新たな動画配信サービスを開始する)

次の文を見てください。

The manager has requested that all the members be prepared to discuss last month's sales figures at Friday's meeting.
(部長は部員全員に金曜日の会議で先月の販売実績について話し合う準備をするように求めた)

　The manager has requested that …（部長は～を要求した）という文。気をつけてほしいのはthat節中の動詞です。beになっていますね？ be。ふつうは見ない形ですよね？ beはご存じのとおり、be動詞の原形。実は「要求・提案などの内容を表すthat節中では動詞は原形」という決まりがあるんです。この文のrequestも「要求」を表す動詞ですね。
　TOEICではときどき、この「要求・提案などの内容を表すthat節中」の動詞の形を問う問題が出題されます。そのときの主節の動詞はrequest（要求する）、demand（要求する）、propose（提案する）、suggest（提案する）など。要求や提案の内容は頭の中の出来事なので、時間が関係なくなるんですね。ちょっと難しいかもしれませんが、頭の片隅にとどめておいてください。

Chapter 4-② 進行形と完了形

よく出る度 2 ★★☆

> 現在、過去、未来。3つの時間表現を学んできたね。今度は進行形と完了形を勉強しよう。

> そうか。時間の表しかたってまだあるんですね……

　日本語でも「〜する」「〜した」だけではなく、「〜している」「〜したことがある」「〜してしまった」のように、動詞にはさまざまな言葉がついていろいろなニュアンスを表しますね。英語でも、現在、過去、未来に進行形、完了形を組み合わせることで、いろいろなニュアンスを表すことができます。

　このセクションではTOEICで出題される進行形と完了形のパターンを確認します。まずは現在進行形から見てみましょう。

I am writing to apply for the position of marketing research assistant.

（私はマーケティング・リサーチの助手の職に応募するためにこの手紙を書いています）

　この文は「（私は）今、〜しているところだ」と、現在行っている行為を表しています。皆さんご存じのように、〈is/am/are + doing〉の形の「現在進行形」は「現在行っている行為」を表す時制でしたね。では次の例題はどうでしょうか。

例題 Although it has been slow for a long time, the economy -------- at last.
(A) recovered
(B) is recovering
(C) to recover
(D) recovers

Ⓐ Ⓑ Ⓒ Ⓓ

選択肢は動詞recover（回復する）の変化形。英文は接続詞Althoughで始まる従属節とthe economyで始まる主節から成っています（接続詞については229ページを参照してください）。Although it has been slow for a long timeは「（これまで）長い間不況だったが」という意味。空欄のある主節を見ると、主語がthe economy、動詞は見当たらないので、空欄には動詞として働く語句が入るはずだとわかります。(C)は動詞にはならないので不適切ですね。従属節は現在完了で「（過去から続く）今」の話をしているので、過去形の(A)も不自然です。現在進行形の(B) is recoveringか現在形の(D) recoversかですが、ここでは長い不況のあと、回復しつつあるという経済の「変化」を表しているので、現在進行形を使うのが適切です。(前のセクションで見たように、現在形は現在の「状態」を表します。)正解は(B)。

　「現在進行形」というと「まさに今行っている行為」をイメージしがちですが、TOEICでは「商品が人気を得つつある」「メーカーが新しい商品ラインをそろえつつある」といった、もう少し時間の幅のある「変化」を表すものとして使われることも少なくありません。ただし、「行為」にしても「変化」にしても、現在形の表す「状態」と比べて、生き生きとした「動き」を感じさせる時制であることに違いはありません。

■ 現在進行形の文

Although it has been slow for a long time, <u>the economy</u>
　　　　　　　　　　　　　　　　　　　　　　　　　　　　主語

is recovering at last.
現在進行形

（長い間不況だったが、経済はようやく回復しつつある）

また、現在進行形は未来を表すこともあります。

Mr. Kevin **is going** out of town next week for three days.

（Kevinさんは来週3日間町を留守にする予定だ）

　未来と言えば、前のセクションで見た〈will＋動詞の原形〉が思い浮かびますが、現在進行形で未来のことを言うと、「確定した予定」のニュアンスが出ます。そしてTOEICでは、

さらにもう少し複雑な形が出題されることもあります。

例題 The entire board of directors -------- the annual shareholder meeting next week.
(A) has been attending
(B) will be attending
(C) was attended
(D) is being attended

Ⓐ Ⓑ Ⓒ Ⓓ

　なんだかゴテゴテした選択肢が並んでいますね……。でも落ち着いてよく見てみましょう。すべて動詞attendを含む語句で、(A)、(B)はbe attendingと進行形、(C)、(D)はbe attendedと受動態になっています。attendには「～に出席する」という意味の他動詞としての使いかたがありますが、受け身の場合は「出席される」という意味になるので、主語は会議などになります。英文の主語はThe entire board of directors（取締役全員）、つまり「人」ですから、受動態の(C)、(D)はあり得ません。次に文末に注目すると、next week（来週）とあります。未来のことを言っているので、(B)が正解。この〈will be + doing〉の形を「未来進行形」と言います。

　「取締役全員が年次の株主総会に出席する」と未来のことを言っているだけなので、動詞部分はwill attendでもいいのですが、will be attendingとすると、進行形である分、生き生きとした感じの文になります。

■ 未来進行形の文

<u>The entire board of directors</u> **will be attending** the annual
　　　　　主語　　　　　　　　　　未来進行形
shareholder meeting (next week.)──未来を表す語句

（取締役全員が来週の年次株主総会に出席する予定だ）

進行形のニュアンス、おわかりいただけたでしょうか？ 今度は完了形について見てみましょう。まずは例題です。

例題 The merger took months of negotiating, but the two companies have -------- an agreement at last.
(A) reached
(B) reaching
(C) reach
(D) reachable

Ⓐ Ⓑ Ⓒ Ⓓ

　選択肢には動詞reachの変化形と派生語が並んでいることを確認しましょう。次に英文を見ると、接続詞but（しかし）をはさんで2つの節から成っており、前半は「合併交渉には何か月もかかった」という意味。空欄があるのは後半の節の動詞部分です。後半の主語はthe two companies（両社）で、助動詞haveに続けられるのは過去分詞の(A) reachedだけです。
　〈have＋動詞の過去分詞〉は「現在完了形」と呼ばれ、過去に起きた出来事が現在にまで何らかの影響を及ぼしていることを示します。例えばこの文では、何か月も合併交渉を続けてきた両社がようやく合意にまで行き着いたということで、現在完了がその交渉が行き着くまでの長さを含意しているわけです。

過去(交渉開始)　　　現在(合意成立！)　　　　　未来

■ 現在完了の文

The merger took months of negotiating, but <u>the two companies</u> [主語] <u>have reached</u> an agreement at last.
[現在完了]

(合併交渉には何か月もかかったが、両社はついに合意に達した)

上の文のように「完了」を表す使いかたのほか、TOEICでは以下の文のような「継続」を表す使いかたも出題されています。

The county <u>has experienced</u> a steady population growth since 2000.

(その郡では2000年以来、人口が堅調に増加してきている)

この文では、2000年から今に至るまで、郡の人口が継続的に増え続けてきていることを表しています。このように継続を表す現在完了は、しばしばsince(〜以来)やfor(〜の間)といった語句とともに使われます。

過去(2000年)　　　現在　　　未来

　　　現在完了は、過去から現在まで継続している事柄を表すと言いましたが、それが「行為」の場合には〈have been doing〉という形で表されます。これを「現在完了進行形」と呼びます。

Since introducing the new system, our engineers <u>have been working</u> nonstop to get it running smoothly.
(新システムの導入以来、わが社のエンジニアたちはそれがスムーズに動くよう不休で働いている)

TOEICでは現在完了のほか、状態・行為が未来のある時点まで影響を及ぼしていることを表す「未来完了」という時制が問われることもあります。何やら難しげな名前ですが、心配はいりません。上の「現在完了」の「現在」が「未来（のある時点）」にスライドするだけですから。

例題 As of this time next month, Mr. Jacobs -------- at this company for 30 years.
(A) works
(B) will have worked
(C) worked
(D) has been working

Ⓐ Ⓑ Ⓒ Ⓓ

選択肢は動詞 work の時制を変化させた形です。時制のヒントがないかを意識しながら英文を見てみましょう。As of ～は「～の時点で」という意味の重要表現。As of this time next month で「来月の今ごろには」という意味になります。この段階で、未来の話をしていることがわかりますね。また、Mr. Jacobs が主語で、空欄に文の動詞が入りそうなことも見当がつくと思います。文末の for 30 years（30年間）という期間を表す表現にも注意しましょう。

選択肢の中で未来を表すのは will で始まる (B) だけ。(B) はよく見ると〈will have ＋過去分詞〉の形になっています。これが「未来完了形」です。来月の今ごろには 30 年間「働いたことになる」と、継続の意味を表しています。

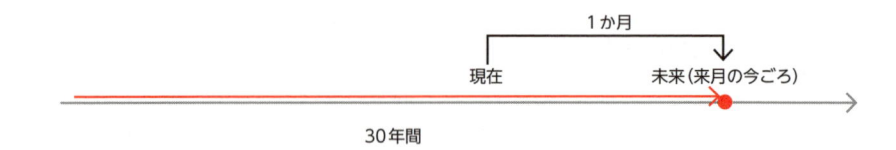

```
           1か月
        ┌────────┐
        ↓        ↓
       現在    未来(来月の今ごろ)
───────────────────────●──────→
        30年間
```

■ 未来完了の文

As of this time next month, Mr. Jacobs will have worked at this company for 30 years.

- As of this time next month, — 未来を表す語句
- Mr. Jacobs — 主語
- will have worked — 未来完了
- for 30 years. — 期間を表す語句

(来月の今ごろにはJacobsさんはこの会社で30年働いたことになる)

Chapter 4-❸ 助動詞

よく出る度 1 ★☆☆

> 助動詞って、canとかwillとかのことですよね。助動詞ということは、動詞を助ける言葉なんですか？

> う～ん。助けるというより、話し手の判断や気持ちをつけ加えると言ったほうが正確かな。「～してもいいよ」とか「～しなきゃだめ」とか「～かもしれない」とか……。でも人の気持ちは人それぞれだから、「これが正しい！」と決めつけることはできないよね。だからTOEICでは助動詞を選ばせる問題は出題されないんだ。

　　助動詞は日常会話をいろどるとても大切な言葉ですが、TOEICの文法問題で問われることはあまりありません。一つだけ絶対に覚えておかなければならないのは、「助動詞の後ろに来る動詞は原形になる」ということです。

例題 All product-users must -------- to follow the terms and conditions.
(A) agreed
(B) agreeing
(C) agree
(D) to agree

Ⓐ Ⓑ Ⓒ Ⓓ

　選択肢には動詞 agree の変化形が並んでいます。主語は文頭の All product-users ですね。この問題で気をつけなければならないのは次の1点だけ。それは空欄の前に助動詞 must（～しなければならない）がある、ということです。

　さっきも言ったように、助動詞の後ろには動詞の原形が来ます。したがって、正解は (C) agree。agree to do で「～することに同意する」という意味です。terms and conditions（取引条件、諸条件）という表現も TOEIC ではよく見かけるのでぜひ覚えておいてください。

■ 助動詞の文

<u>All product-users</u> **<u>must</u> <u>agree</u>** to follow the terms and conditions.
　　　主語　　　　　　助動詞　動詞（原形）

（製品の利用者は諸条件に従うことに同意しなければならない）

助動詞の後ろに来るのがbe動詞の場合にはどうなるでしょうか？ be動詞の原形は？ そう、beでしたね。だから当然、助動詞の後ろはbeになります。

Our company must be adaptable to changing consumer values and opinions.
　　主語　　　　助動詞　動詞（原形）

（わが社は変化する消費者の価値観と意見に適応できなければならない）

さて、TOEICの文法問題では助動詞がほとんど出題されないと言いましたが、単に問題として出題されないだけで、助動詞はリスニングや長文問題でも非常によく登場します。
　意味を知らないと聞き取りや読解にも支障をきたしますので、主なものを確認しておきましょう。ここには複数の語で1つの助動詞として機能するものも挙げておきます。言うまでもなく、これらの語句の後ろに来る動詞はすべて原形です！

■ can（〜できる／〜してもよい）

James assured us that he **can** complete the project by himself.
（Jamesは、そのプロジェクトを自分一人で成し遂げられると私たちに請け合った）

You **can** have whatever you want.
（欲しいものは何でも持っていっていいですよ）

■ must（〜しなければならない）

You **must** turn off all the lights when you leave the office.
（退社時にはすべての照明を消さなければならない）

■ may（〜してもよい／〜かもしれない）

You **may** return any item within 30 days of purchase.
（ご購入30日以内であれば、返品可能です）

Newspaper delivery **may** be delayed due to the storm tomorrow morning.
（明日の朝の新聞配達は荒天のために遅れる可能性がある）

■ **will**（〜する）

After receiving your e-mail, we **will** send the application form to you.
（あなたからのメールを受け取ったら申込用紙をお送りします）

念のためですが、未来の文で使うwillも助動詞です。

■ **be going to**（〜する）

He **is going to** be a marketing manager at the London branch.
（彼はロンドン支社でマーケティング部長を務めることになっている）

■ **should**（〜しなければならない／〜すべきだ）

All employees **should** present their ID cards when entering the office building.
（全従業員は会社の建物に入る際に身分証を提示しなければならない）

■ **have to**（〜しなければならない）

These jobs **have to** be finished by the end of this month.
（これらの仕事は今月末までに終えられなければならない）

■ **need to**（〜する必要がある）

You **need to** call the restaurant by noon to reserve a table for lunch.
（ランチの席を予約するなら、正午までにそのレストランに電話をかける必要がある）

---

　canの過去形はcouldですが、Could you 〜?で「〜していただけますか」と丁寧な依頼を表すことがあります。TOEICでもリスニングセクションなどでよく登場する表現です。後ろにpleaseをつけるとさらに丁寧な表現になります。

Could you please connect me to Mr. Robert's room?
（Robertさんの部屋につないでいただけますか）

hapter 4-④ 受動態

よく出る度 3 ★★★

> このセクションは動詞の中でも特に大切なセクションだよ。よーく読んで、しっかり理解してね。

> はい！ でも、「受動態」ってそんなに重要でしたっけ……

　　　　　受動態はTOEICの中でも最もよく出題される文法単元の一つです。それは受動態が、自動詞と他動詞という、動詞の非常に重要な分類と密接にかかわっているからです。

　皆さんはChapter 1で名詞の使いかたを学習したとき、「目的語」としての使いかたがあったのを覚えていますか？（忘れてしまった人は23ページを参照してくださいね） 英語の動詞は、目的語をとる「他動詞」と目的語をとらない「自動詞」の2つに大別されます。次の2つの文にはstartという動詞が含まれていますが、使いかたの違いがわかりますか？

- They **start** the meeting at 2:00 P.M.　（彼らは午後2時に会議を始める）
- The meeting **starts** at 2:00 P.M.　（会議は午後2時に始まる）

　上の文はstartの直後にthe meetingという名詞がありますね。このthe meetingが動詞startの「目的語」です。一方、下の文はstartsの目的語がありません（前置詞atで始まるカタマリ (at 2:00 P.M.) は修飾語句なので無視します）。したがって、上の文のstartは他動詞、下の文のstartは自動詞ということになります。

- They **start** the meeting at 2:00 P.M.
  　　　 他動詞　　目的語
- The meeting **starts** at 2:00 P.M.
  　　　　　　　 自動詞

　この目的語を主語にしたのが受動態の文です。「会議を始める」の目的語「会議」が主語になるわけですから、「会議は**始められる**」となるわけですね。「～される」と訳される動詞部分は〈be動詞＋過去分詞〉の形になります。

　　　　　　┌── 目的語が主語になった
　　　　　　▼
　　<u>The meeting</u>　<u>is started</u>　at 2:00 P.M.　（会議は午後2時に始められる）
　　　主語　　　　be動詞 + 過去分詞

　動詞の目的語が主語になった文を「受動態の文」と呼ぶのですから、自動詞の文は受動態にはなりませんね。だって、自動詞にはそもそも目的語がないのですから。
　例題を見てみましょう。

> **例題**　The use of cell phones is only -------- in designated areas.
> (A) permitted
> (B) to have permitted
> (C) been permitting
> (D) to permit
>
> Ⓐ Ⓑ Ⓒ Ⓓ

　選択肢には他動詞permit（〜を認める、許可する）の変化形が並んでいます。英文の途中にisがあるので、主語はThe use of cell phones（携帯電話の使用）だとわかります。副詞のonlyを無視すると、isとpermitの変化形で動詞のカタマリが作れそうですね。
　さて、空欄の後ろを見るとin designated area（指定された場所で）という修飾語句があり、permitの目的語は見当たりません。ここで主語とpermitの関係を考えると、「携帯電話の使用」は、（だれかによって）「許可される」ものです。「許可する」ものじゃありませんね。そこで空欄にpermitの過去分詞を入れ、permitの目的語が主語になった受動態の文だと考えるとつじつまが合います。正解は(A)。

■ 受動態の文

<u>The use of cell phones</u> **is** only **permitted** in designated areas.
　　主語　　　　　　　　　be動詞 + 過去分詞

（携帯電話の使用は指定された場所でのみ認められています）

自動詞と他動詞、あるいは能動態と受動態を問う問題では、主語と動詞と目的語の関係を考えてみることが大切です。

次の問題はどうですか？

例題 This resource guide -------- a list of phone numbers for public service organizations.
(A) contain
(B) containing
(C) is contained
(D) contains

Ⓐ Ⓑ Ⓒ Ⓓ

選択肢を見ると、動詞contain（〜を含む）の変化形が並んでいます。次に英文の主語と動詞ですが、主語はThis resource guide（この資料集）で、動詞は空欄に入るcontain（の変化形）だと考えられますね。そしてポイントは空欄の後ろにあるa list of phone numbers（電話番号のリスト）です。名詞のカタマリなので、これが目的語だと考えられます。

選択肢を見てみましょう。主語が単数なので、(A) と (B) はあり得ません。残りを見ると、(C) is contained（受動態）と (D) contains（能動態）の両方がありますが、主語と動詞と目的語の関係を考えると、「資料集は電話番号のリストを含む（＝掲載している）」という関係にあり、主語と動詞は能動の関係にあるので、正解は (D) です。

統計的に見ると、自動詞と他動詞、あるいは能動態と受動態を問う問題では受動態が正解になるケースが圧倒的に多いのですが、この問題のように素直に能動態を選ばせるケースもあるので、横着せず、主語と動詞の関係をきちんと考えながら解きましょう。

■ **能動態の文**

<u>This resource guide</u> <u>contains</u> <u>a list of phone numbers</u> for public
　　　　主語　　　　　　他動詞　　　　　　目的語

service organizations.

（この資料集には公共サービス機関の電話番号のリストが載っている）

「なんか学校で習った受動態とちょっと違う気がするなあ」と思っているあなた。もしかしたら、次の問題を解くと「これだ！」と思われるかもしれません。

例題 That industry is dominated -------- a limited number of giant companies.
(A) of
(B) among
(C) from
(D) by

Ⓐ Ⓑ Ⓒ Ⓓ

　選択肢に並んでいるのは前置詞。空欄の前を見ると is dominated（支配されている）という受動態。そう、答えは (D) by です！　おそらく皆さんは中学で受動態を習ったときに、能動態の文の主語は、受動態の文では〈by＋名詞〉で表されると習ったのではないでしょうか。そんな皆さんには、この問題は解きやすいかもしれませんね。
　ただし、前置詞 by（〜によって）は行為者を表したいときに使われるだけで、受動態の文に必須なわけではありません。この文は「その業界は限られた数の大企業によって支配されている」という意味。この文では「支配」しているのがだれかを示すことが文の主題であるために by が使われているのです。例えば、

Harper Bridge is closed for repairs until June 30.
（Harper Bridge は補修のために6月30日まで閉鎖されている）

Fortunately, all the data that I needed were successfully recovered.
（幸いなことに、必要なデータはすべて復元することができた）

といった文では、「閉鎖」「復元」したのがだれであるかは特に問題になっていないので、〈by＋行為者〉が示されていません。「受動態の文の by は行為者を示したいときに使う」くらいに覚えておけば OK です。

■ by を使った受動態の文

That industry is dominated by a limited number of giant companies.
　　主語　　　　動詞(受動態)　　　　　　　　　　　行為者(dominateする者)

(その業界は限られた数の大企業によって支配されている)

では、次の問題はどうでしょうか。

例題 Most in-house problems -------- to a lack of communication.
(A) attributed
(B) could attribute
(C) can attribute
(D) can be attributed

Ⓐ Ⓑ Ⓒ Ⓓ

　選択肢にはattributeの変化形。英文の主語はMost in-house problems(たいていの社内の問題)で動詞らしき語は見当たらないので、空欄に入る語が動詞になると考えられます。
　さて、選択肢に出てきたattributeという動詞ですが、日本人学習者にとってはなかなかやっかいな動詞です。attribute A to Bの形で「Aの原因をBと考える、AをBに帰する」という意味なのですが、こんな複雑なことを一言で表す日本語はありませんよね。attributeは、**attribute** their success to their own abilities(彼らの成功を彼ら自身の能力に帰する)のように使います。落ち着いてよく見てみましょう。attributeにはAにあたる語が必要なので他動詞ですが、空欄の後ろはtoで始まる修飾語句です。とすると、(A)、(B)、(C)を空欄に入れると目的語がなくなってしまいますね。したがって正解は(D)。
　助動詞canの後ろに受動態be attributed(帰される)が続く形です。助動詞の後ろなので、be動詞は原形のbeになっています。

■ 〈助動詞＋受動態〉の文

<u>Most in-house problems</u> <u>can</u> <u>be attributed</u> to a lack of
　　　主語　　　　　　　　助動詞　＋　動詞(受動態)

communication.

(たいていの社内の問題はコミュニケーション不足に起因すると考えられる)

have toやneed toといった助動詞と同じ働きをする句の後ろに来る場合でも事情は同じで、〈助動詞の働きをする語句＋be動詞＋過去分詞〉の形になります。

To survive in this competitive market, companies
<u>need to</u> <u>be informed</u> of changes in consumer behavior.
助動詞の働きをする語句　＋　動詞(受動態) (be＋過去分詞)

(この競争の激しいマーケットで生き残るには、企業は消費者行動の変化に通じている必要がある)

受動態の応用編として、最後にもう一つだけ見ておきましょう。

例題 Lack of sleep and excessive smartphone use -------- in a number of recent studies.
(A) linked
(B) linking
(C) will link
(D) have been linked

　　　　　　　　　　　　　　　　　　　　　　　　Ⓐ Ⓑ Ⓒ Ⓓ

　選択肢は動詞 link の変化形。英文は、空欄の前の use が名詞か動詞か少し迷いますが、Lack of sleep and excessive smartphone で切ると、「睡眠不足と極端なスマートフォンは〜を使う」という意味不明な文になり、空欄に何を入れていいかもわかりません。ここは use を名詞ととり、Lack of sleep and excessive smartphone use (睡眠不足とスマートフォンの使い過ぎ) を主語と考えるべきでしょう。

空欄の後ろを確認すると、in a number of recent studies（最近の多くの研究で）という修飾語句です。とすれば、空欄に入るのは自動詞か、他動詞の受動態ということになりますね。link には「結びつく」という自動詞の使いかたと「～を関連づける」という他動詞の使いかたとがありますが、「睡眠不足」と「スマートフォンの使い過ぎ」が勝手に結びつくというのも変な話です。最近の研究で「関連づけて考えられている」とするのが自然でしょう。選択肢の中で受動態なのは……。おわかりですね？　正解は (D)。時制を見てみると現在完了ですね。現在完了の受動態は〈have been ＋過去分詞〉の形になります。

■ 現在完了の受動態

<u>Lack of sleep and excessive smartphone use</u> **have been linked** in
　　　　　　　　　主語　　　　　　　　　　　　　　　　　現在完了（受動態）

a number of recent studies.

（睡眠不足とスマートフォンの使い過ぎは最近の多くの研究で関連づけられている）

Chapter 4-⑤ 命令文

よく出る度 1
★☆☆

> 時制に受動態。動詞は大変です……

> お疲れさま。まあ、英文法の中でも軸になる部分だからね。でもこのセクションは心配いらないよ。「命令文」は動詞関連の中でも一番シンプルな単元だから。

命令文でポイントとなるのは1点だけ。主語なしに動詞の原形で文、あるいは節を始める、ということです。動詞の原形の前にpleaseやsimplyを置くということはありますが、それはおまけのようなもので、大きな問題ではありません。中学では、前にDon'tやLet'sをつけた命令文を勉強したと思いますが、TOEICの文法問題では出題されません。

例題 To be notified that your application has been received, -------- a self-addressed stamped envelope.
(A) included
(B) including
(C) to include
(D) include

ⒶⒷⒸⒹ

選択肢は動詞include（〜を同封する）の変化形。文の前半はToで始まる不定詞句で、To be notified that your application has been receivedで「あなたの応募が届いていることをお知らせするために」という意味。空欄以降が主節です。でも主節は空欄で始まっており、後ろにはa self-addressed stamped envelope（切手を貼った返信用封筒）という名詞が続いています。ということは……。そう、動詞の原形で始まる命令文にすればいいのです。正解は(D)。

TOEICでは命令文はそれほどよく出題されるわけではありませんが、出題されるときにはこの問題のように、「〜するために」という意味の不定詞句を伴うことがあります。

■命令文

To be notified that your application has been received, **include**
　　　　　　　　　　　　　　　　　　　　　　　　　　　　　動詞 (原形)

a self-addressed stamped envelope.

(あなたの応募が届いていることをお知らせするために、切手を貼った返信用封筒を同封してください)

さらにわかりやすい例を1題。

例題 Please -------- the safety procedures before you start to work in the lab.
(A) reviewing
(B) reviewed
(C) reviews
(D) review

　　　　　　　　　　　　　　　　　　　　　　　Ⓐ Ⓑ Ⓒ Ⓓ

　この問題はわかりやすかったのではないでしょうか。選択肢には動詞review (〜を見直す) の変化形が並んでいて、文頭のPleaseの後ろに空欄があります。ほとんど無条件に原形のreviewが選べるのではないかと思います。命令文の前に、丁寧さを加えるPleaseがついた形ですね。正解は(D)。

　このようなやさしい問題でも、念のため、そのあとの文を確認しておきましょう。the safety procedures (安全手順) が動詞reviewの目的語。接続詞before以下の、before you start to work in the labは「あなたが実験室で作業を始める前に」という意味の従属節です。

■ Pleaseのついた命令文

　　　　　┌── 丁寧さを加えるplease
（Please）review the safety procedures before you start to work
　　　　　動詞（原形）　　名詞（目的語）
in the lab.

（実験室で作業を始める前に、安全手順を再確認してください）

　　　命令文はどうでしたか？　さて、TOEICでは以下の文のように命令文の前につけるsimplyを選ばせる問題が出題されることもあります。このsimplyは「単に」という意味ですが、それほど強い意味はなく、訳さなくても通じます。

To make changes to your membership record, <u>simply</u> send us an e-mail.
（会員情報を変更される場合は、メールをお送りください）

Chapter 4-6　仮定法

よく出る度 1　★☆☆

> 「仮定法」ですか……。「仮定法過去」とか「仮定法過去完了」とか、名前を聞いただけでクラクラしてきます。

> 確かに名前がわかりにくいかもしれないね（笑）。これから説明するように、過去形を使うから「過去」、過去完了形を使うから「過去完了」と名づけられているだけなんだけど……。
> でもね、本当のところを言うと、仮定法はTOEICの文法問題ではほとんど出題されないから、とりあえずはサラッと読み流すだけでも構わないよ。

　まず日本語で考えてみましょう。「きのう、Smithさんに会いました」と聞いたらどう思いますか？「ああ、この人はきのうSmithさんに会ったんだな」と思いますね。「遠い昔、地球上にはたくさんの恐竜が住んでいました」ならどうですか？　これもリアルにイメージするのは難しいけれど、きっと実際にそうだったんだろうなと思いますね。では、「昔あるお城に一人のお姫様が住んでいました」だったらどうでしょう。現実の話ではなく、物語の世界という気がしませんか？　でも「あるお城に一人のお姫様が住んでいます」と言われると、「どこの国のだれのこと？」と聞きたくなります。

　英語もこれと同じで、時制を前にずらすと意識を現実から引き離すという効果があります。だから現在のことを言うときに過去形を使って、If I had a million dollars（100万ドル持ってたら）と言うと、「現実ではない」という気分が出せるんです。この、時制を前にずらして仮定の話をする用法を「仮定法」と呼びます。

If I had a chance to do the job again, I would do it better.

　上の文を見てください。If I had a chance to do the job againで「もう一度その仕事をするチャンスがあったら」という意味。動詞hadが過去形になっていますね。現在の事実と異なる仮定をする場合、動詞を過去形にします。これで「実際にはそのチャンスはないのだけれど、もしあったら」というニュアンス。これを「仮定法過去」と呼びます。主節のI would do it betterは「もっと上手にそれをするのに」という意味。主節は〈助動詞の過去形＋原形〉の形になりますが、これも現在の事実と異なる事態を述べていることを表しています。

■ 仮定法過去の文

　　If I **had** a chance to do the job again, I **would do** it better.
　　　　 仮定法過去

　　（もう一度その仕事をするチャンスがあったら、もっと上手にするのに）

　過去の事実と異なる仮定をする場合には、さらに時制を前にずらして過去完了形を使います。主節の動詞は〈助動詞の過去形＋have＋過去分詞〉の形になります。これを「仮定法過去完了」と呼びます。

■ 仮定法過去完了の文

　　If my coworkers **hadn't encouraged** me, I **would have** given up the
　　　　　　　　　　 仮定法過去完了
　　project.

　　（同僚が励ましてくれていなかったら、そのプロジェクトを断念していただろう）

　どうでしょう？　現在の事実と異なる仮定をする場合は動詞を過去形にし（「仮定法過去」）、過去の事実と異なる仮定をする場合は、動詞を過去完了形にします（「仮定法過去完了」）。これで仮定法の基本的な形は紹介したので、例題を見てみましょう。

例題 If they had identified the cause of the issue, they -------- us advice.
(A) are being offered
(B) would have offered
(C) have been offered
(D) will be offered

Ⓐ Ⓑ Ⓒ Ⓓ

選択肢には動詞offer（〜を提供する）を含むさまざまな形。英文を見ると、冒頭Ifで始まる節の動詞がhad identified。過去完了形ですね。If they had identified the cause of the issueで「彼らが問題の原因を特定していたら」という意味。過去の事実と異なる仮定をした仮定法過去完了の文だと考えると、仮定法過去完了の文の主節の動詞は〈助動詞の過去形＋have＋過去分詞〉でしたね。選択肢であてはまるのは(B) would have offered。they would have offered us adviceで「彼らは私たちにアドバイスをしてくれただろうに」という意味になります。

■ 仮定法の文

If they **had identified** the cause of the issue, they
　　　仮定法過去完了（過去の事実と異なる仮定）

would have offered us advice.
（彼らが問題の原因を特定していたら、われわれにアドバイスしてくれていただろうに）

仮定を表すには、if 〜以外にいくつものバリエーションがあります。

■ ifを省略して〈主語＋動詞〉を倒置

Tokyo Radio **would have held** the concert in the park as planned **had it** not rained.
（雨が降っていなかったら、Tokyo Radioは予定どおり公園でコンサートを行っていただろうに）

＊if it had not rainedがhad it not rainedになっています。

■ with / without

Without your help, I <u>couldn't have finished</u> the job before the deadline.

(あなたの助けがなかったら、締め切り前に仕事を終えられなかっただろう)

■ I wish

I wish we <u>could hire</u> another part-time employee.

(もう一人アルバイトを雇えたらなあ)

＊I wish は実現性の低い願望を表す表現です。

■ その他の状況を表す語句

Fixing my car <u>would have cost</u> me more than hundreds of dollars.

(車の修理をしていたら数百ドル以上かかっていただろう)

＊Fixing my car (車の修理をすること) が主語ですが、動詞が would have cost となっているので、「(実際にはしなかったが) 仮に修理していたとしたら」と仮定の話であることがわかります。

プラチナセンテンス

MP3 ▶ 11

071 The Central Museum tour starts at 1:00 P.M. and 4:00 P.M. every day.
（Central美術館のツアーは毎日午後1時と午後4時に始まる）

072 Senator Holloway delivered a speech regarding the pros and cons of the new policy reform yesterday.
（Holloway上院議員はきのう、新たな政策改革の是非について演説を行った）

073 Due to financial problems, Scott had to dissolve the company he'd spent years building.
（財政的な問題のために、Scottは長年かけて築いてきた会社を解散しなければならなかった）

074 Moon Techno will launch a new video streaming service later this month.
（Moon Technoは今月中に新たな動画配信サービスを開始する）

075 The manager has requested that all the members be prepared to discuss last month's sales figures at Friday's meeting.
（部長は部員全員に金曜日の会議で先月の販売実績について話し合う準備をするように求めた）

076 I am writing to apply for the position of marketing research assistant.
（私はマーケティング・リサーチの助手の職に応募するためにこの手紙を書いています）

077 Although it has been slow for a long time, the economy is recovering at last.
（長い間不況だったが、経済はようやく回復しつつある）

078 Mr. Kevin is going out of town next week for three days.
（Kevinさんは来週3日間町を留守にする予定だ）

079 The entire board of directors will be attending the annual shareholder meeting next week.
(取締役全員が来週の年次株主総会に出席する予定だ)

080 The merger took months of negotiating, but the two companies have reached an agreement at last.
(合併交渉には何か月もかかったが、両社はついに合意に達した)

081 The county has experienced a steady population growth since 2000.
(その郡では2000年以来、人口が堅調に増加してきている)

082 Since introducing the new system, our engineers have been working nonstop to get it running smoothly.
(新システムの導入以来、わが社のエンジニアたちはそれがスムーズに動くよう不休で働いている)

083 As of this time next month, Mr. Jacobs will have worked at this company for 30 years.
(来月の今ごろにはJacobsさんはこの会社で30年働いたことになる)

084 All product-users must agree to follow the terms and conditions.
(製品の利用者は諸条件に従うことに同意しなければならない)

085 Our company must be adaptable to changing consumer values and opinions.
(わが社は変化する消費者の価値観と意見に適応できなければならない)

086 James assured us that he can complete the project by himself.
(Jamesは、そのプロジェクトを自分一人で成し遂げられると私たちに請け合った)

MP3 ▶ 13

087 You can have whatever you want.
(欲しいものは何でも持っていっていいですよ)

088 You must turn off all the lights when you leave the office.
(退社時にはすべての照明を消さなければならない)

089 You may return any item within 30 days of purchase.
(ご購入30日以内であれば、返品可能です)

090 Newspaper delivery may be delayed due to the storm tomorrow morning.
(明日の朝の新聞配達は荒天のために遅れる可能性がある)

091 After receiving your e-mail, we will send the application form to you.
(あなたからのメールを受け取ったら申込用紙をお送りします)

092 He is going to be a marketing manager at the London branch.
(彼はロンドン支社でマーケティング部長を務めることになっている)

093 All employees should present their ID cards when entering the office building.
(全従業員は会社の建物に入る際に身分証を提示しなければならない)

094 These jobs have to be finished by the end of this month.
(これらの仕事は今月末までに終えられなければならない)

095 **You need to call the restaurant by noon to reserve a table for lunch.**
(ランチの席を予約するなら、正午までにそのレストランに電話をかける必要がある)

096 **Could you please connect me to Mr. Robert's room?**
(Robertさんの部屋につないでいただけますか)

097 **The use of cell phones is only permitted in designated areas.**
(携帯電話の使用は指定された場所でのみ認められています)

098 **This resource guide contains a list of phone numbers for public service organizations.**
(この資料集には公共サービス機関の電話番号のリストが載っている)

099 **That industry is dominated by a limited number of giant companies.**
(その業界は限られた数の大企業によって支配されている)

100 **Harper Bridge is closed for repairs until June 30.**
(Harper Bridgeは補修のために6月30日まで閉鎖されている)

101 **Fortunately, all the data that I needed were successfully recovered.**
(幸いなことに、必要なデータはすべて復元することができた)

102 **Most in-house problems can be attributed to a lack of communication.**
(たいていの社内の問題はコミュニケーション不足に起因すると考えられる)

103 **To survive in this competitive market, companies need to be informed of changes in consumer behavior.**
(この競争の激しいマーケットで生き残るには、企業は消費者行動の変化に通じている必要がある)

104 **Lack of sleep and excessive smartphone use have been linked in a number of recent studies.**
(睡眠不足とスマートフォンの使い過ぎは最近の多くの研究で関連づけられている)

105 **To be notified that your application has been received, include a self-addressed stamped envelope.**
(あなたの応募が届いていることをお知らせするために、切手を貼った返信用封筒を同封してください)

106 **Please review the safety procedures before you start to work in the lab.**
(実験室で作業を始める前に、安全手順を再確認してください)

107 **To make changes to your membership record, simply send us an e-mail.**
(会員情報を変更される場合は、メールをお送りください)

108 **If I had a chance to do the job again, I would do it better.**
(もう一度その仕事をするチャンスがあったら、もっと上手にするのに)

109 **If my coworkers hadn't encouraged me, I would have given up the project.**
(同僚が励ましてくれていなかったら、そのプロジェクトを断念していただろう)

110 **If they had identified the cause of the issue, they would have offered us advice.**
(彼らが問題の原因を特定していたら、われわれにアドバイスしてくれていただろうに)

---

111 **Tokyo Radio would have held the concert in the park as planned had it not rained.**
(雨が降っていなかったら、Tokyo Radio は予定どおり公園でコンサートを行っていただろうに)

---

112 **Without your help, I couldn't have finished the job before the deadline.**
(あなたの助けがなかったら、締め切り前に仕事を終えられなかっただろう)

---

113 **I wish we could hire another part-time employee.**
(もう一人アルバイトを雇えたらなあ)

---

114 **Fixing my car would have cost me more than hundreds of dollars.**
(車の修理をしていたら数百ドル以上かかっていただろう)

章末チェック

1.
New safety procedures for machine operation -------- on August 1.
(A) implement
(B) have implemented
(C) will be implemented
(D) are implementing

2.
Ms. White recently -------- the award for her substantial contributions to the success of the project.
(A) receives
(B) was receiving
(C) is received
(D) received

3.
Sales of organic products have steadily -------- over the past few years.
(A) increase
(B) increased
(C) increasing
(D) increases

4.
If you have any questions about our products, please -------- our customer service department.
(A) contacts
(B) contacted
(C) contact
(D) contacting

5.
It is imperative that confidential documents -------- kept in a secure location.
(A) were
(B) be
(C) being
(D) had been

6.
Our monthly meeting will -------- until the manager gets back from her business trip.
(A) have postponed
(B) be postponing
(C) postpone
(D) be postponed

7.
By the end of next year the company -------- five new plants to increase its production capacity.
(A) has built
(B) will have built
(C) had been building
(D) is building

8.
Flights for Jacksonville -------- at 10:00 A.M. on Mondays and Thursdays.
(A) depart
(B) departs
(C) is departing
(D) are departed

9.
Everyone who fills out this questionnaire will -------- a 10% discount coupon for future purchases.
(A) receive
(B) receives
(C) receiving
(D) reception

10.
Our survey results show that guests are most impressed -------- the Bueno Hotel's luxurious in-room amenities.
(A) by
(B) beyond
(C) for
(D) since

11.
Production of the item -------- as soon as the repairs on the assembly machine have been completed.
(A) has been resumed
(B) will resume
(C) was resumed
(D) to be resuming

12.
The division manager -------- the deadline for submitting the report by two weeks.
(A) extend
(B) was extended
(C) extending
(D) has extended

13.
We are currently -------- a researcher with knowledge in one or more of the following areas.
(A) seekers
(B) being sought
(C) sought
(D) seeking

Ⓐ Ⓑ Ⓒ Ⓓ

14.
Production of some models will be temporarily -------- because of a shortage of parts.
(A) halt
(B) halts
(C) halted
(D) halting

Ⓐ Ⓑ Ⓒ Ⓓ

15.
They had already spent three months developing a marketing campaign when the company -------- the product's release.
(A) canceling
(B) canceled
(C) cancels
(D) will cancel

Ⓐ Ⓑ Ⓒ Ⓓ

16.
For free admission to the Tauba Museum, -------- your photo identification along with your membership card at the entrance counter.
(A) present
(B) presenting
(C) presented
(D) presents

Ⓐ Ⓑ Ⓒ Ⓓ

解答解説

1.
New safety procedures for machine operation -------- on August 1.

(A) implement
(B) have implemented
(C) will be implemented
(D) are implementing

解説 選択肢には動詞implement（〜を実施する）の変化形が並んでいます。一方、英文の空欄の前には文の主語New safety procedures for machine operation（機械操作に関する新しい安全手順）があり、後ろにはon August 1（8月1日に）という修飾語句があります。したがって、空欄には文の動詞が入ることがわかります。proceduresとimplementの関係から受動態の文にすると考えられますが、選択肢(A)、(B)、(D)はいずれも能動の形なので、正解は(C) will be implementedとなります。

訳 機械操作に関する新しい安全手順が8月1日に導入される。

正解 (C)【☞ 4-❹】

2.
Ms. White recently -------- the award for her substantial contributions to the success of the project.

(A) receives
(B) was receiving
(C) is received
(D) received

解説 選択肢には動詞receive（〜を受け取る）の変化形が並んでいます。文の主語はMs. Whiteです。空欄の後ろには文の動詞となる要素は見つからないので、選択肢からそれを選ばなければならないことがわかります。空欄の直前にrecently（最近）という過去を表す語があるので、現在時制である(A)と(C)は選べません。残る選択肢のうち、「表彰を受けた」という文意から、正解は過去形の(D) receivedとなります。

訳 Whiteさんは最近、プロジェクト成功への重要な貢献に対して表彰を受けた。

正解 (D)【☞ 4-❶】

3.
Sales of organic products have steadily -------- over the past few years.

(A) increase
(B) increased
(C) increasing
(D) increases

解説 選択肢には動詞increase（増加する）の変化形が並んでいます。文の主語はSales of organic products（オーガニック製品の売上）です。over the past few years（ここ数年にわたって）という修飾語句もあるので、主語の直後にあるhaveは「継続」を表す現在完了形を作る助動詞であると考えられます。正解は過去分詞の(B) increasedです。

訳 オーガニック製品の売上はここ数年にわたって堅調に増加している。

正解 (B)【☞ 4-❷】

4.
If you have any questions about our products, please -------- our customer service department.

(A) contacts
(B) contacted
(C) contact
(D) contacting

解説 選択肢には動詞contact（〜に連絡する）の変化形が並んでいます。一方、英文の冒頭には「もしわれわれの製品について何か質問があれば」という節があり、続く主節はpleaseで始まっています。次に空欄がありますが、その後ろのour customer service department（カスタマーサービス部）はcontactの目的語と考えられるので、主節は主語がない、つまり命令文です。したがって、正解は原形の(C) contactとなります。

訳 当社の製品についてご質問がございましたら、カスタマーサービス部にご連絡ください。

正解 (C)【☞ 4-❺】

5.
It is imperative that confidential documents -------- kept in a secure location.

(A) were
(B) be
(C) being
(D) had been

解説 選択肢はbe動詞の変化形です。英文は仮主語（形式主語）Itを用いた文で、真主語はthat節。動詞はis、補語は形容詞imperative（必須の）です。that節は「機密文書は安全な場所に保管される（こと）」という意味になると考えられます。英文は、「that節の内容が必須である」という「要求・提案」を述べており、このような場合、that節中の動詞は主節の時制に関係なく常に原形が用いられます。正解は(B) beです。

訳 機密文書は安全な場所に保管しなければならない。

正解 (B)【☞ 4-❶】

6.
Our monthly meeting will -------- until the manager gets back from her business trip.

(A) have postponed
(B) be postponing
(C) postpone
(D) be postponed

解説 選択肢は動詞postpone（～を延期する）の変化形です。文の主語はOur monthly meeting（月例会議）。空欄の直前には助動詞willがあり、後ろには接続詞until（～まで）で始まる節が続いています。空欄には文の動詞が入ると考えられます。postponeが他動詞であることと主語meetingとの関係から、受動態の文にするのが適切です。したがって、選択肢の中でただ1つ受動態である(D) be postponedが正解です。

訳 月例会議は部長が出張から戻るまで延期される。

正解 (D)【☞ 4-❹】

7.
By the end of next year the company -------- five new plants to increase its production capacity.

(A) has built
(B) will have built
(C) had been building
(D) is building

解説 選択肢には動詞build（〜を建設する）の変化形が並んでいます。文の主語はthe company。空欄にはfive new plants（5つの新しい工場）を目的語とする文の動詞が入ると考えられます。この動詞は冒頭のBy the end of next year（来年末までに）という修飾語句によって時間の限界が示されています。現在から「来年末」という未来のある時点までの間に新工場を建て終わる、という意味の文になると考えられるので、正解は未来完了の(B) will have builtになります。

訳 その会社は、生産能力を増強するために、来年末までに新しい工場を5つ完成させる予定だ。

正解 (B)【☞ 4-❷】

8.
Flights for Jacksonville -------- at 10:00 A.M. on Mondays and Thursdays.

(A) depart
(B) departs
(C) is departing
(D) are departed

解説 選択肢には動詞depart（出発する）の変化形が並んでいます。一方、文の主語はFlights（フライト）で、文の動詞は見当たりません。したがって、空欄には文の動詞が入ると考えられます。主語は複数形なので3人称単数の形である(B)、(C)は入れられません。空欄の後ろにある修飾語句から、フライトの出発は「毎月曜と木曜の午前10時に」繰り返される出来事であることがわかります。正解は現在形の(A) departです。

訳 Jacksonville行きのフライトは月曜と木曜の午前10時に出発する。

正解 (A)【☞ 4-❶】

9.

Everyone who fills out this questionnaire will -------- a 10% discount coupon for future purchases.

(A) receive
(B) receives
(C) receiving
(D) reception

解説 選択肢には動詞 receive（〜を受け取る）の変化形と派生語が並んでいます。文の主語は Everyone（だれでも）です。その直後には主語を修飾する関係代名詞節があります。空欄の後ろにある名詞 coupon（クーポン）は receive の目的語と考えられます。直前に助動詞 will があるので、正解は動詞の原形である (A) receive となります。

訳 このアンケートに回答するともれなく、買い物に使える10%引きクーポンをもらえる。

正解 (A)【☞ 4-❸】

10.

Our survey results show that guests are most impressed -------- the Bueno Hotel's luxurious in-room amenities.

(A) by
(B) beyond
(C) for
(D) since

解説 文の主語は Our survey results（われわれの調査の結果）、動詞は show（〜を示す）です。that は接続詞で、show の目的語となる名詞節を導いています。that 節内は、主語を guests（客）、動詞を are impressed（感激させられる）とする受動態になっています。客を最も感激させるもの、つまりこの that 節内の文を能動態にした場合の主語が the Bueno Hotel's luxurious in-room amenities であると考えられるので、正解は (A) by となります。

訳 われわれの調査の結果、宿泊客に一番大きな印象を与えるものは Bueno ホテルのぜいたくな室内設備であることがわかっている。

正解 (A)【☞ 4-❹】

11.

Production of the item -------- as soon as the repairs on the assembly machine have been completed.

(A) has been resumed
(B) will resume
(C) was resumed
(D) to be resuming

解説 選択肢には動詞resume（再開する）の変化形が並んでいます。文の主語はProduction of the item（製品の生産）で、空欄の後ろはas soon as（〜したらすぐに）で始まる節なので、選択肢の中から文の動詞としてふさわしいものを選ぶ問題であるとわかります。as soon asで始まる節で述べられている「組立機械の修理が完了する」という出来事が起こるのは未来のある時点で、生産が再開されるのはその後なので、正解は未来を表す(B) will resumeです。

訳 組立機械の修理が完了したらすぐに、その製品の生産は再開される予定だ。

正解 (B)【☞ 4-❶】

12.

The division manager -------- the deadline for submitting the report by two weeks.

(A) extend
(B) was extended
(C) extending
(D) has extended

解説 選択肢には動詞extend（〜を延長する）の変化形が並んでいます。一方、英文を見ると、空欄の前後には名詞句があり、文の末尾にはby two weeksという修飾語句があります。したがって、空欄には主語をmanager、目的語をthe deadlineとする動詞を入れることがわかります。選択肢は(A)と(D)に絞られますが、主語が単数なので、正解は(D) has extendedとなります。

訳 部長はその報告書の提出期限を2週間延ばした。

正解 (D)【☞ 4-❹】

178

13.
We are currently -------- a researcher with knowledge in one or more of the following areas.

(A) seekers

(B) being sought

(C) sought

(D) seeking

解説 選択肢には動詞seek（～を探す）の変化形と派生語が並んでいます。英文を見ると、文の主語であるWeに続いてbe動詞areと副詞currently（現在）があり、空欄の後ろには名詞researcher（研究者）とそれを修飾する語句があります。a researcherはseekの目的語だと考えられるので、名詞である(A)や受身になる(B)と(C)は選べません。したがってareとともに現在進行形を作る(D) seekingが正解になります。

訳 われわれは現在、以下の分野のうち1つ以上に精通した研究者を探している。

正解 (D)【☞ 4-❷】

14.
Production of some models will be temporarily -------- because of a shortage of parts.

(A) halt

(B) halts

(C) halted

(D) halting

解説 選択肢には動詞halt（～を停止する）の変化形が並んでいます。一方、文の主語はProduction of some models（一部モデルの生産）です。空欄の後ろにはbecause of a shortage of parts（部品不足のせいで）という修飾語句しかなく、空欄の前にはwill beがあるので受動態の文にするのが適切だとわかります。正解は過去分詞の(C) haltedです。

訳 一部モデルの生産は部品不足のために一時的に停止される。

正解 (C)【☞ 4-❹】

15.

They had already spent three months developing a marketing campaign when the company -------- the product's release.

(A) canceling
(B) canceled
(C) cancels
(D) will cancel

解説 選択肢には動詞cancel（〜を中止する）の変化形が並んでいます。英文の主語はThey、動詞はhad spentです。時制が〈had + 過去分詞〉の過去完了なので、過去のある時点までに「3か月費やしていた」という意味になります。whenは接続詞で、companyを主語、空欄に入る語を動詞とする節を作り、この過去のある時点を示していると考えられます。したがって、過去形の(B) canceledが正解となります。

訳 会社が製品のリリースを中止したとき、彼らはすでにマーケティングキャンペーンの展開に3か月費やしていた。

正解 (B)【☞ 4-❶】

16.

For free admission to the Tauba Museum, -------- your photo identification along with your membership card at the entrance counter.

(A) present
(B) presenting
(C) presented
(D) presents

解説 選択肢には動詞present（〜を提示する）の変化形が並んでいます。一方、英文冒頭の「Tauba美術館に無料入場される際は」という修飾語句の次には空欄があります。空欄の後ろは、your photo identification（写真つき身分証明書）がpresentの目的語で、along with your membership card（会員証と一緒に）とat the entrance counter（入場口で）という2つのカタマリはいずれも修飾語句です。したがって、この英文は主語となる名詞のない命令文であるとわかるので、正解は原形の(A) presentとなります。

訳 Tauba美術館に無料入場される際は、入場口で写真つき身分証明書と会員証を提示してください。

正解 (A)【☞ 4-❺】

Chapter 5
動詞や文を修飾する言葉

Chapter 5-❶ 副詞

よく出る度 3 ★★★

> Chapter 4では動詞について見てきたね。このChapterでは動詞や文を修飾する言葉について勉強するよ。

> 名詞を修飾するのは形容詞でしたよね。じゃあ、動詞を修飾するのは？

　　　　副詞です。副詞は、動詞だけでなく、名詞以外のあらゆる品詞の語、そして文全体をも修飾します。TOEICの文法問題では、異なる品詞の選択肢から副詞を選ばせる問題が高い頻度で出題されます。副詞の置かれる位置はほかの品詞の語に比べると自由度が高いのですが、それでもいくつかのパターンがあるので、パターン別に押さえておきましょう。

例題 Speech contestants are expected to speak -------- and present concise, logical arguments.
(A) clear
(B) clearly
(C) clearest
(D) clearance

Ⓐ Ⓑ Ⓒ Ⓓ

　選択肢には形容詞clear（明確な）の派生形が並んでいます。英文は、空欄まではSpeech contestants are expected to speak（スピーチコンテストの出場者たちは話すことを期待されている）という意味。andの後ろのpresentが何か（名詞なのか動詞なのか、それとも形容詞なのか）迷うかもしれませんが、続くconcise, logical arguments（簡潔で論理的な議論）から、「～を示す、提示する」という意味の動詞だと推測できます。つまりare expected toの後ろに、andをはさんでspeak --------とpresent concise, logical argumentsという2つの動詞句が並んでいる形です。

　〈speak＋空欄〉で独立したカタマリになるということは、空欄にはspeakの目的語かspeakを修飾する副詞が入ると考えられます。(D) clearanceは名詞ですが、「清算、掃除」

という意味で、speakにつながりませんね。正解は(B) clearly（明確に）。副詞が動詞を後ろから修飾する基本的な形です。

■ 動詞を修飾する副詞

後ろから動詞を修飾

Speech contestants are expected to <u>speak</u> **clearly** and present concise, logical arguments.
　　　　　　　　　　　　　　　　　動詞　　副詞

（スピーチコンテストの出場者たちは、はっきりと話し、簡潔で論理的なスピーチをすることを期待されている）

　下の例を見てください。dependとonの間にprimarilyという副詞がはさまれていますね。このように、〈自動詞＋前置詞〉のセットの間に副詞がはさまれるパターンも比較的よく出題されるので、頭に入れておきましょう。このようなセットには、compare with（〜に匹敵する）、focus on（〜に集中する）、rely on（〜に依存する）、object to（〜に反対する）、respond to（〜に答える）、contrast with（〜と対照をなす）などがあります。

The cost of the conference is going to <u>depend</u> **primarily** <u>on</u> the location of the hotel.
　　　　　　　　　　　　　　　　　　　自動詞　　副詞　　前置詞

（会議の費用は主にホテルの場所に左右される）

次の問題を見てみましょう。

例題 Subscribers to the Financial Forecast mailing list are requested to update their contact information --------.
(A) regular
(B) regularly

(C) regulate
(D) regularity

Ⓐ Ⓑ Ⓒ Ⓓ

　選択肢は形容詞regularの派生形。英文の主語はSubscribers to the Financial Forecast mailing list（Financial Forecastのメーリングリストの購読者）、続くare requested to（〜することが求められる）が動詞です。さて、問題はその次。〈update their contact information＋空欄〉です。updateは「〜を更新する、最新の状態にする」、their contact informationは「連絡先情報」でupdateの目的語ですから、その後ろに形容詞の(A)や動詞の(C)は入りませんね。また、名詞の(D) regularity（規則性）も複合名詞の可能性はありますが、「連絡先情報の規則性を更新する」では意味が通じないので、不適切。副詞のregularly（定期的に）を入れて、update their contact information regularly（連絡先情報を定期的に更新する）とするのが適切です。正解は(B)。
　この問題は、副詞が〈他動詞＋目的語〉を後ろから修飾している形です。

■〈動詞＋目的語〉を修飾する副詞

Subscribers to the Financial Forecast mailing list are requested to

〈動詞＋目的語〉を後ろから修飾
↓
update their contact information **regularly**.
　　動詞　＋　目的語　　　　　　　　　副詞

（Financial Forecastのメーリングリストの購読者は、定期的に連絡先情報を更新するよう求められる）

　上の2問で見てきたように、動詞を修飾する副詞は、基本的に修飾すべき動詞や〈動詞＋目的語〉のすぐ後ろに置かれます。ただし、それはあくまで原則。次のようなパターンもあります。

例題 The new legislation -------- solved the pollution problem that had been affecting the city.

(A) quicken
(B) quick
(C) quicker
(D) quickly

Ⓐ Ⓑ Ⓒ ●

　選択肢は形容詞quick（すばやい）の派生形。英文を見ると、主語はThe new legislation（新たな法律）で、空欄をはさんでsolved the pollution problem（汚染問題を解決した）という〈動詞＋目的語〉が続いています。that以下はthe pollution problemを修飾する修飾語句ですね。関係代名詞、覚えていますか？（忘れてしまった人は104ページを参照してください。）

　〈主語＋動詞＋目的語〉と要素がそろっているので、空欄に動詞や形容詞は入りません。正解は、副詞の(D) quickly。これまでの問題と違ってこの副詞は〈動詞＋目的語〉の後ろではなく、前に置かれています。これは、この文の（修飾語句まで含む）目的語が非常に長く、その後ろに副詞を置くのが不自然だからです。

　このように、副詞が動詞の前に置かれるパターンもTOEICではかなり高い頻度で出題されています。このパターンも知っていれば、ほかの要素がそろっているときに安心して副詞を選ぶことができますね。

■ 〈動詞＋目的語〉を前から修飾する副詞

〈動詞＋(長い)目的語〉を前から修飾

The new legislation **quickly** solved the pollution problem that had been affecting the city.
　　　　　　　　　　　［副詞］　　［動詞］＋［(長い)目的語］

（新たに制定された法律によって、その市に影響を及ぼしてきた汚染問題はすぐに解決した）

次の問題はどうでしょうか。

例題 Our hotel gives maps to all guests so that they can -------- find their way around the city.
(A) ease
(B) easy
(C) easiest
(D) easily

Ⓐ Ⓑ Ⓒ Ⓓ

　選択肢は形容詞easy(容易な)の派生形と変化形。Our hotel gives maps to all guestsは「当ホテルはすべてのお客様に地図を差し上げています」という意味です。空欄があるのは、so that ... can(…が～できるように)というthat節中で、主語はthey、動詞はfind、そして後ろにはtheir wayという目的語もそろっています。ということは……、空欄に入るのは副詞の(D) easilyです。

　このように、助動詞がある文では、動詞を修飾する副詞は助動詞と動詞の間に置くのが原則です。このパターンにも慣れておきましょう。

■ 〈助動詞＋動詞〉を修飾する副詞

助動詞と動詞の間

Our hotel gives maps to all guests so that they <u>can</u> **easily** <u>find</u>
　　　　　　　　　　　　　　　　　　　　　　　　助動詞　副詞　動詞

their way around the city.

(当ホテルでは、市内を散策しやすいようにすべてのお客様に地図を差し上げております)

それでは、同じ考えかたでもう1問。

例題 Kids Da Vinci furniture is -------- designed to appeal to wealthy housewives with young children.

(A) specify
(B) specific
(C) specification
(D) specifically

Ⓐ Ⓑ Ⓒ Ⓓ

「同じ考えかたで」というヒントでわかりましたか？ 選択肢には動詞specify（〜を明記する）の派生形が並んでいますね。英文の冒頭を見ると、Kids Da Vinci furniture（Kids Da Vinciの家具）の後ろにisがあるので、Kids Da Vinci furnitureが主語だと考えられます。空欄の後ろにdesignedとある点に注目しましょう。選択肢から、関係代名詞を使うような文とは考えられないので、is designed（デザインされている）という受動態の文だと考えられます。すると空欄に動詞や名詞、形容詞のような要素は入らないので、正解は副詞の(D) specifically（特に）。

Chapter 4で、受動態の文の動詞は〈be動詞＋過去分詞〉になると勉強しましたね（忘れてしまった人は149ページにGo!）。このbe動詞は一種の助動詞として考えることができるので、1つ前で見た文と同じように、受動態の文の動詞を修飾する副詞は、(助動詞である)be動詞と過去分詞の間に置かれるのです。be動詞は助動詞の仲間だと考えましょう。

■ 受動態を修飾する副詞

be動詞と過去分詞の間

Kids Da Vinci furniture **is** **specifically** designed to appeal to
　　　　　　　　　　　　be動詞　副詞　　　過去分詞

wealthy housewives with young children.

(Kids Da Vinciの家具は、特に小さな子どものいる裕福な主婦にアピールするようデザインされている)

この受動態を修飾する副詞を問う問題もTOEICでは非常に高い頻度で出題されます。〈助動詞＋副詞＋過去分詞〉の順番をしっかり頭に入れておきましょう！

次の文を見てください。文中の副詞quicklyは何を修飾していると思いますか？

The product development team has a streamlined system for quickly utilizing ongoing customer feedback.
(その商品開発チームは、顧客から継続的に寄せられる意見を迅速に活用するための効率的なシステムを持っている)

　副詞は「名詞以外」の語を修飾すると言いましたが、この文では動名詞を修飾しています！ systemまでの文意は「その商品開発チームは効率的なシステムを持っている」。for以下が何のためのシステムかの説明ですが、quickly utilize ongoing customer feedback(顧客から継続的に寄せられる意見を迅速に活用する)のutilizeが動名詞となって前置詞forの目的語になっているのです。「動名詞」は「動詞と名詞」の両方の性質を兼ね備えているので、このように副詞によって修飾されることがあります。

　さて、ここまで動詞を修飾する副詞について見てきました。ただ、初めに述べたように、副詞は名詞以外のあらゆる品詞の語を修飾します。TOEICでは、形容詞を修飾する副詞を問う問題がよく出題されるので、ここで確認しておきましょう。

例題 The benefits of the new cost-efficient production model were -------- apparent.
(A) immediate
(B) more immediate
(C) immediately
(D) immediacy

Ⓐ Ⓑ Ⓒ Ⓓ

188

選択肢は形容詞immediate（即座の）の変化形と派生形。英文を見ると、主語は長いですが、The benefits of the new cost-efficient production model（コスト効率の高い新たな製造モデルの効用）まで。それさえわかれば、あとはwere -------- apparentだけです。apparentは「明らかな」という形容詞なので、〈主語＋be動詞 -------- 形容詞〉という文だとわかります。すると空欄に入り得るのは副詞だけですね。正解は(C)のimmediately（ただちに）。

　形容詞を修飾する副詞は、ふつう修飾する形容詞の直前に置かれます。

■ 形容詞を修飾する副詞

The benefits of the new cost-efficient production model were
　主語　　　　　　　　　　　　　　　　　　　　　　　　　　　　be動詞

　　　　形容詞を修飾
　　　┌──────┐
　　　│　　　↓
immediately apparent.
　副詞　　　　形容詞

（コスト効率の高い新たな製造モデルの効用はすぐにわかるものだった）

Chapter 5-❷ 比較表現

よく出る度 2
★★☆

さあ、これで形容詞と副詞の両方を学んだね。それじゃあここで、比較級と最上級についても見ておこう。

後ろに-erをつけたり-estをつけたりするアレですね。

　皆さんも学生時代に形容詞や副詞の「比較級」、「最上級」を勉強されたことでしょう。英語には大きく分けて3つの比較表現のパターンがあります。まずは同等比較から見ておきましょう。

[基準文]

　Yuki processes the task efficiently.
　(Yukiは効率的に仕事を処理する)

[同等比較]

　Cindy processes the task **as** efficiently **as** Ken.
　(CindyはKenと同じくらい効率的に仕事を処理する)

　as 〜 asの形で、「…と同じくらい〜だ」という意味を表します。これを「同等比較」と呼びます。前のasが「同じくらい」という意味、後ろのasが「…と」という意味を表しています。上の例文でas 〜 as Kenを除くと、基準文と同じになりますね。前のasの直前に—times(一倍)やhalf(半分)を置くと、「…の一倍(半分)〜だ」という意味になります。また「ちょうど同じだ」と強調して言う場合は、asの直前にjustをつけることもあります。

190

例題 With globalization, building a Web site is half as -------- as it used to be.
(A) expensive
(B) expensively
(C) expense
(D) expensiveness

Ⓐ Ⓑ Ⓒ Ⓓ

選択肢はexpensiveの派生語。英文を見ると……、ありますね、as 〜 asが。そしてその前にはhalfもついています。これで「半分〜だ」という意味になるのでしたね。

With globalizationは「グローバル化によって」という意味の修飾語句、building a Web site（ウェブサイトを構築すること）が動名詞の主語です。2つ目のasの後ろのitはbuilding a Web site を受けています。used toは「かつては〜だった」という意味の表現で、ウェブサイトの構築の現在とかつてとを比較する文になっています。

さて、as 〜 asの間を答えるので、正解は形容詞か副詞。文の骨組みを確認するために、冒頭の修飾語句とhalf as 〜 as it以下を削ってしまいましょう。すると残るのは、building a Web site is --------だけ。補語になる形容詞のexpensive（高価な）が適切ですね。正解は(A)。

it used to beはit used to be expensiveから繰り返しを避けるためにexpensiveが省略された形で、文全体を直訳すれば「グローバル化によって、（今）ウェブサイトを構築するのはかつて（高価だったの）の半分の高価さだ」となります。TOEICではas 〜 asの前に— timesやhalfのついた形で出題されることが多いようです。

■ as 〜 asの文

With globalization, **building a Web site**　**is**　half as **expensive** as
　　　　　　　　　　　　　主語　　　　　　　動詞　　　　　　　補語
it used to be.──比較対象
（グローバル化で、ウェブサイトの構築にかかる費用はかつての半額になった）

as ～ asを使った定型表現にas soon as(～するとすぐに)、as well as(～と同様)、as long as(～する限り)、as ～ as possible(できるだけ～)などがあります。どれもリスニング問題や読解問題でよく使われる表現なので、覚えておきましょう。(as well asに関しては266ページを参照してください。)

次に比較級について見ていきます。比較級はご存じのとおり、「(…よりも)～だ」と、何かをほかのものと比較するときに使う形です。基本的には形容詞や副詞に-erをつけて作りますが、長い単語の場合は形容詞／副詞の前にmoreをつけます。TOEICではmoreをつけた形のほうがよく問われます。また下に挙げる表のように、不規則な形を持つものもあるので、覚えておきましょう。

「…よりも」はthanで表しますが、これがしばしば比較級の文である目印になります。このthanを選ばせる問題が出題されることもあります。

[基準文]

Yuki processes the task efficiently.
(Yukiは効率的に仕事を処理する)

[比較級]

Yuki processes the task **more** efficiently **than** Ken.
(YukiはKenよりも効率的に仕事を処理する)

■ 不規則な形を持つ比較級・最上級

原級	比較級	最上級	
good, well	better	best	
bad, ill	worse	worst	
many, much	more	most	
little	less	least	
late	later	latest	(時間)
late	latter	last	(順番)
far	farther	farthest	(距離)
far	further	furthest	(程度)

＊比較級と最上級はセットで覚えたほうがいいので、まとめて掲載しています。

それでは問題を見てみましょう。

例題 Companies now have to respond -------- to market changes than previously.
(A) quick
(B) quickly
(C) more quickly
(D) most quickly

Ⓐ Ⓑ ⓒ Ⓓ

　選択肢にはquickとquicklyの変化形が並んでいます。英文を見ると、文頭のCompanies（企業）が主語ですね。have to respond（応えなければならない）が動詞で、次に空欄があり、to market changes（市場の変化に）という修飾語句が続いています。あ、その後ろにありましたね、than。これが見えたら比較級の文だと考えましょう。選択肢で比較級は(C) more quickly。respond more quicklyで「より迅速に対応する」という意味です。これで答えは決まり。ちなみに、選択肢にmore quickがあったとしても選んではいけません。respond more quick（より迅速な対応する）は、つながりとして正しくないからです。

　previouslyは「以前に」という意味の副詞で、than previouslyで「以前よりも」という意味になります。than beforeと言っても同じです。

193

■ 比較級の文

Companies now have to respond more quickly to market changes than previously.

　主語　　　　　　　動詞　　　　　　副詞の比較級　　　　　　　　　　　　　比較対象

（企業は現在、以前にも増して市場の変化に迅速に対応しなければならなくなっている）

最上級にはtheがつくと言いましたね。ところで、ふつう比較級にはtheはつかないのですが、場合によってはつくこともあるので見ておきましょう。

The main gallery of the museum is located in the larger of the two buildings.

（その美術館のメインギャラリーは、2つの建物のうちの大きいほうにある）

　上の文中にはlargerという比較級がありますが、その前にtheがついていますね。なぜでしょう？　theはもともとthatから派生した語で、後ろにつく名詞を限定する働きがあります。例えばPlease open the window.（窓を閉めてください）と言えば、「（お互い言わなくてもわかるその）窓を開けてください」という意味です。これがPlease open a window.だと、「（いくつかある窓のうちのどれでもいいから）1つの窓を開けてください」という意味になります。上の文でも、2つある建物のうちの大きいほうと言えば、建物は1つに限定されます。だから比較級の前にtheがついているのです。

「2つの建物のうちの大きいほう」で建物が限定される

The main gallery of the museum is located in the larger of the two buildings.

the + 比較級

最後に最上級について見てみましょう。最上級は「(…の中で)一番～だ」と言うための形で、基本的には形容詞／副詞の語末に -est をつけて作ります。ただし、比較級と同様、長い単語の場合は前に most を置いて作ります。副詞でなければ、最上級の前に the を置くのが原則。「…の中で」は、前置詞の in または of に続けて表しますが、in / of …がない文もあります。

[基準文]

Yuki processes the task efficiently.
(Yukiは効率的に仕事を処理する)

[最上級]

Yuki processes the task **most** efficiently **in** her department.
(Yukiは部署で一番効率的に仕事を処理する)

それでは問題を見てみましょう。

例題 The West Exit File's unique storyline makes it one of the most -------- films to come out this year.
(A) interest
(B) interested
(C) interesting
(D) interests

Ⓐ Ⓑ Ⓒ Ⓓ

選択肢には動詞interestの変化形が並んでいます。英文を見ると、途中に動詞のmakesが見えますね。なので、ここまでのThe West Exit File's unique storyline（The West Exit Fileのユニークなストーリー展開）が主語です。makeは〈make A B〉で「AをBにする」という意味の構文を作ります。このAにあたるのがこの文ではit。具体的にはThe West Exit Fileを指します。Bにあたるのが、one of the most -------- filmsです。to以下はChapter 3で学んだ不定詞の形容詞としての使いかたで、直前のfilmsを修飾しています。

　さて空欄ですが、直前にmostがあるので最上級の文ですね。後ろのfilmsという名詞を修飾するので、形容詞が入ります。Chapter 3を思い出すと、interestedは「興味を持たされた＝興味を持った」、interestingは「興味を持たせる＝面白い」という意味なので、正解は(C) interestingとなります。

　この問題では空欄の前にmostがあるので、初めから最上級の文であることがわかっていますが、TOEICでは、mostの部分が空欄になっている問題や、easiestのような短い単語の最上級を選ばせる問題も出題されます。

■ 最上級の文

The West Exit File's unique storyline makes　it
　　　　　　主語　　　　　　　　　　　動詞　　目的語

　　　　　　　　　　形容詞の最上級
one of the **most** interesting films to come out this year.
　　　　　　　補語

（The West Exit Fileは、そのユニークなストーリー展開のために、今年公開される映画のうちで最も面白いものの一つとなっている）

最上級の後ろにeverをつけると、「今までで」という意味を表します。このevenを選ばせる問題が出題されることもあります。

That diamond was the largest <u>ever</u> to be sold at an auction.
(そのダイヤモンドは、これまでオークションで売られた中で最大のものだった)

Chapter 5-❸ 前置詞

よく出る度 3 ★★★

「前置詞」って、確かどこかで勉強しましたよね？

Chapter1の「名詞の基本的な使いかた」のところだね。「名詞は前置詞の目的語になる」って。ここでは前置詞の基本的な使いかたと、たくさんある前置詞のうち、TOEICの文法問題で狙われるものをざっと確認しておこう。

　　　　　前にも見ましたが、前置詞とは「名詞の前に置く言葉」。必ず〈前置詞＋名詞（句）〉のセットで使います。これは基本的なことですが、とても大切です。
TOEICでは、選択肢に意味の似た前置詞と接続詞を混在させた問題が出題されることがあります。前置詞の後ろに来るのは名詞（句）だけです。
〈前置詞＋名詞（句）〉のセットで、動詞や名詞、形容詞、副詞、文など、なんでも修飾します。そして修飾する代わりに、主語にも動詞にも目的語にもなりません。この本でも、これまで何度も「前置詞inで始まる修飾語句」といった言いかたをしてきましたね。文の構造を理解するときには、この〈前置詞＋名詞（句）〉のセットを消して考えることがポイントです。
　下の文を見てみましょう。

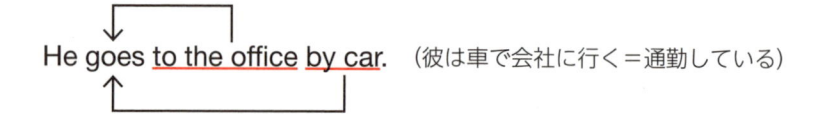

He goes <u>to the office</u> <u>by car</u>.　（彼は車で会社に行く＝通勤している）

Heが主語、goesが動詞ですね。to the office（会社へ）とby car（車で）が〈前置詞＋名詞〉のセットで、動詞を修飾しています。でも文の要素としては、これらは修飾語句。〈主語＋動詞〉の文です。

He　goes　to the office　by car.
主語　動詞　　　　　　　　　　　　修飾語句

例題 -------- her success as an actress, Ms. Gupta also has a Ph.D. in physics.
(A) Although
(B) Besides
(C) Whether
(D) Until

Ⓐ Ⓑ Ⓒ Ⓓ

　選択肢を見ると、前置詞と接続詞が並んでいます。(A) Althoughは接続詞、(B) Besidesは前置詞＊、(C) Whetherは接続詞、(D) Untilは前置詞と接続詞。空欄の後ろを見ると、her success as an actress（女優としての成功）という名詞句。したがって、(A)と(C)は候補から外れます。(B)か(D)か、これは意味から判断するしかありません。

　Ms. Gupta also has a Ph.D. in physicsは「Guptaさんは物理学の博士号も持っている」という意味。ここでalso「〜も」がポイントになります。空欄にBesides（〜のうえに、〜に加えて）を入れ、「女優としての成功に加えて」とすると、文意がつながります。Untilは「〜まで」という意味で、空欄に入れても意味が通じません。正解は(B)。

　このように、TOEICの前置詞を選ばせる問題では、品詞と意味の両方から判断する必要がある場合が少なくありません。まずは前置詞の基本的な意味を頭に入れ、問題を解くときには後ろに来るのが名詞かどうかに注目するようにしましょう。

＊besidesには「そのうえ、さらに」という意味の副詞の使いかたもあります。

■ **前置詞のある文**

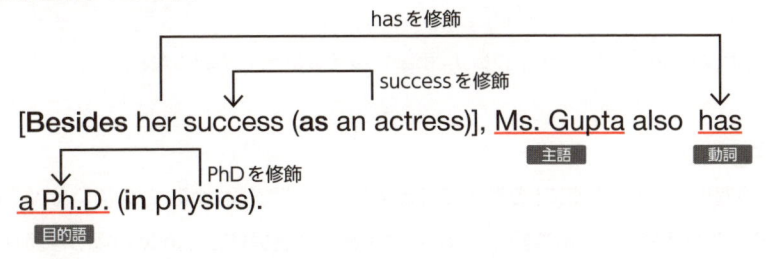

[**Besides** her success (**as** an actress)], Ms. Gupta also has a Ph.D. (**in** physics).

（hasを修飾／successを修飾／PhDを修飾／主語／動詞／目的語）

（女優として成功したうえに、Guptaさんは物理学の博士号も持っている）

besidesはTOEICの文法問題でよく問われる前置詞ですが、以下にそれ以外で狙われやすい前置詞を挙げておきます。例文ごと覚えて、意味を身につけてしまってください。

■ for

非常に意味の多い前置詞ですが、特に①「〜を求めて、探して」、②「〜の間[期間]」、③「〜のために、〜に対して」を覚えておきましょう。

You should check your application **for** mistakes before you turn it in.
(応募書類を提出する前に、誤りがないか確認するべきだ)

This agreement will remain in effect **for** a period of three years.
(この契約は3年間有効である)

MAO architecture firm won an award **for** its design of a modern wooden house.
(MAO建築会社は、その現代的な木造建築のデザインに対して賞を受けた)

■ despite

「〜にもかかわらず」。前置詞なので当然ながら後ろには名詞(句)が来ます。接続詞although(〜ではあるが)などとの使い分けが問われます。despiteはnotwithstandingや、in spite ofという群前置詞に言い換えることができます。

Despite strong objections from residents, the city council approved the plan.
(地元住民の強い反対にもかかわらず、市議会はその計画を承認した)

■ during

①「〜の間中」、②「〜の間に」を覚えておきましょう。接続詞whileとの使い分けを問われることが非常に多い前置詞です。duringの後ろは名詞(句)、whileの後ろは節(〈主語＋動詞〉)です。

Support Center will be closed **during** the year-end and New Year holidays.

（サポートセンターは年末年始の休暇中、休業いたします）

Snacks and refreshments will be served **during** the afternoon session.
（午後のセッションの間に軽食が出ます）

■ following

見てのとおり、もともと動詞follow（～についていく、続く）の現在分詞。「～のあとで、～を受けて」という意味の前置詞として使います。「次の、以下の」という意味の形容詞としても使います。

The company decided to review the service **following** a number of complaints by users.
（利用者からの数多くの苦情を受けて、その会社はサービスの見直しを決めた）

■ over

TOEICの文法問題で狙われるのは、「～にわたって［期間］」の意味です。

The small-screen tablet market has grown quickly **over** the past few years.
（小画面のタブレットの市場はここ数年の間に急成長した）

■ by

①「～までには［期限］」、②「～の分だけ［変化の量・割合］」、③「～で［交通手段］」。どの意味も重要ですが、特に①の意味のbyとuntil（～まで）の使い分けはよく狙われるので、違いをきちんと覚えておきましょう。

They are required to finish this project **by** the end of this month.
（彼らは今月末までにこのプロジェクトを終えなければならない）

The auto manufacturer will cut production **by** 15 percent in the second quarter.
（その自動車メーカーは第2四半期に生産を15パーセント削減する予定だ）

Here are several area beaches accessible **by** public transportation.
(このエリアには公共交通機関で行くことのできるビーチがいくつかある)

■ throughout

「〜の間中ずっと」。とりあえずはこの意味だけを覚えておいてください。

Many events and live performances are scheduled **throughout** the next few days.
(この数日の間、多くのイベントやライブパフォーマンスが予定されている)

■ with

「〜と一緒に」、「〜を使って」などの意味は、皆さんご存じでしょう。「〜に預けて、託して」という意味も覚えておきましょう。

Leave the key **with** the front desk whenever you leave the hotel.
(ホテルから外出される際は、鍵をフロントにお預けください)

■ among

①「〜の間で」、②「〜のうちの一つ」という意味を覚えておきましょう。①は「分ける」、「分配する」といった動詞とともに使うことがあります。また②は、しばしば後ろに〈the＋最上級〉を伴います。one of the 〜とほぼ同じ意味の表現です。

The rescue party immediately started to distribute the food **among** flood victims.
(救助隊はただちに洪水の被害者たちに食糧を配り始めた)

The Sol Park complex is **among** the most state-of-the-art facilities in Asia.
(Sol Park complexはアジアで最も先進的な施設の一つだ)

■ as

接続詞としてもよく使う語ですが、前置詞として覚えておきたいのは「〜として」という意味です。なお、asに続く名詞が1人の役職名を表す場合は、ふつう冠詞はつきません。

<u>As</u> manager of the Big Hill office, Ms. Kim is responsible for leading its operations.
(Big Hill事務所の所長として、Kimさんはその業務を指揮する責任を負っている)

■ without

「～なしに」。後ろに動名詞が来て、「～することなしに」という形でもよく使います。

Commercial use of these materials is prohibited <u>without</u> prior written permission.
(事前の書面による許可なしにこれらの資料を商用利用することは禁じられています)

■ within

「～以内に [時間]」。～にはten minutes、three yearsのような時間の長さを表す語が入ります。

Unopened items may be returned or exchanged <u>within</u> two weeks of purchase.
(未開封の商品に限り、ご購入後2週間以内の返品あるいは交換を承ります)

■ regarding

「～に関して」という意味。aboutなどに比べてフォーマルな感じの単語です。

The city is going to make an announcement <u>regarding</u> the traffic regulation next month.
(市は来月の交通規制について発表を行う予定だ)

■ concerning

「～に関して」という意味。上のregardingとほぼ同じ意味です。一緒に覚えましょう。

If you have any questions <u>concerning</u> our products, please feel free to contact us.
(当社の製品についてご質問がありましたら、お気軽にお問い合わせください)

Chapter 5-④ 分詞構文

よく出る度 1 ★☆☆

> 前置詞、たくさんありましたね……

> そうだね。このセクションではちょっと気分を変えて、分詞の副詞的な使いかたを勉強しよう。

Chapter 3で、名詞を修飾する分詞の使いかたを学びましたね。ところが分詞には、節を修飾する副詞的な使いかたもあるのです。

次の3つの文を見てください。

<u>Therefore</u>, his coworkers went silent.
（そのようなわけで彼の同僚たちは沈黙した）

<u>Because of that</u>, his coworkers went silent.
（そのようなわけで彼の同僚たちは沈黙した）

<u>Surprised by Mr. Reeves' sudden outburst</u>, his coworkers went silent.
（Reevesさんが突然興奮したのに驚いて、彼の同僚たちは沈黙した）

一番上の文のThereforeは副詞、2番目の文のBecause of thatは前置詞で始まる副詞句で、どちらも後ろのhis coworkers went silent（彼の同僚たちは沈黙した）という節を修飾しています。ところで3番目の文はSurprisedという過去分詞で始まっていますね。このSurprisedからカンマまでの部分も上の2つの文の場合と同様、後ろのhis coworkers went silentを修飾しています。つまりThereforeもBecause of thatもSurprised by ... も、働きはすべて副詞です。

この3番目の文は、意味的には、

His coworkers were surprised by Mr. Reeves' sudden outburst.
（彼の同僚たちはReevesさんの突然の興奮に驚いた）

と

His coworkers went silent.
(彼の同僚たちは沈黙した)

という2つの文をつなぎ合わせたものですが、主語His coworkersが共通なので、これら2つの文を接続詞でつなぐとちょっとダブった感じの文になります。そこで上の文の〈主語＋be動詞〉を省略し、過去分詞で始めたのが3番目の文の形です。このように分詞で始める句を含む文を「分詞構文」と言います。

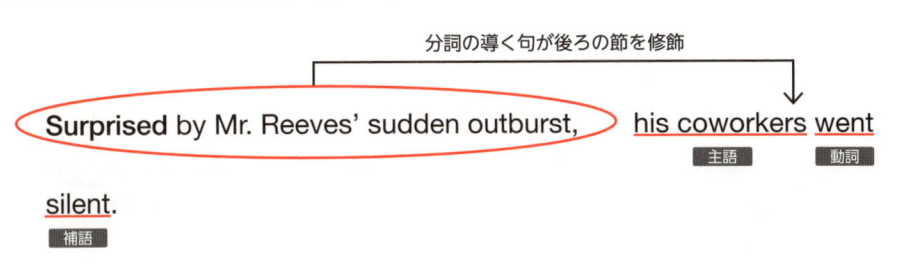

分詞の導く句が後ろの節を修飾

Surprised by Mr. Reeves' sudden outburst, his coworkers went silent.
　　　　　　　　　　　　　　　　　　　　　　　　　主語　　　動詞
補語

このとき、his coworkersはsurpriseされる関係（受動）にあることに注意しましょう。では、この形に慣れるために、問題を解いてみましょう。

例題　-------- by Janet's breathtaking violin solo, the auditorium burst into applause.
(A) Impressed
(B) Impressive
(C) Impressing
(D) Impression

Ⓐ Ⓑ Ⓒ Ⓓ

選択肢には動詞impress（〜を感動させる、〜にいい印象を与える）の変化形、派生形が並んでいます。一方、英文はいきなり空欄から始まっていますね。直後はby。そしてJanet's breathtaking violin solo（Janetの息をのむようなバイオリンのソロ）と続きます。カンマのあとは、the auditorium burst into applause（客席からは拍手が沸き起こった）という完成した節になっています。

205

文の前半には主語がないので節にはなりませんし、後ろの節は完成しているので、前半が後半の節の主語や目的語などの要素になるということもありません。すると空欄に分詞を入れて、前半を修飾語句とする分詞構文にするのが適切です。

分詞は(A) Impressed(過去分詞)と(C) Impressing(現在分詞)がありますが、分詞の意味上の主語は後半と共通のthe auditorium(観客席)なので、意味的に考えてImpressing(感動させて)では不自然です。過去分詞のImpressed(感動させられて＝感動して)を入れるのが適切です。Impressed by Janet's breathtaking violin soloで「Janetの息をのむようなバイオリンのソロに感動して」という意味。正解は(A)です。

■ 分詞構文（過去分詞）

Impressed by Janet's breathtaking violin solo, the auditorium
　　過去分詞　　　　　　　　　　　　　　　　　　　　　　　　　主語
burst into applause.
　動詞

（Janetの息をのむようなバイオリンのソロに感動して、客席からは拍手が沸き起こった）

分詞構文に使われる分詞は過去分詞だけではありません。もう1問見てみましょう。

例題 Hurricane Alice hit the East Coast yesterday, -------- hundreds of beachside homes flooded.

(A) will leave
(B) leaving
(C) have left
(D) leaves

Ⓐ Ⓑ Ⓒ Ⓓ

選択肢は動詞leave(〜を…にする)の変化形です。英文はHurricane Alice hit the East Coast yesterdayまでで「ハリケーンAliceはきのう東海岸を襲った」と完結しています。後半は空欄で始まり、その後ろにはhundreds of beachside homes(海岸沿いの数百軒の家)とflooded(浸水した)が続いています。

さて、完成した節の後ろに動詞の変化形を置くのですから、動詞として働くのではない形を選ばなければなりません。するとその時点で選択肢は (B) leaving に絞られてしまいます。(〜ing形が単独で動詞として働くことはないことを忘れてしまった人は、96ページを参照してください。)

　この後半を正しく理解するには、leave A B (AをBにする) という構文を知っていなければなりません。flood には「氾濫する」という自動詞の意味と、「〜を浸水させる」という他動詞の意味がありますが、ここでは flooded は他動詞の過去分詞 (水浸しにされた) で、leave hundreds of beachside homes flooded で「海岸沿いの数百軒の家を水浸しにされた状態にする」という意味になっています。そしてこの場合の現在分詞 leaving は and left (そして〜にした) とほとんど同じ意味を表します。

■ 分詞構文（現在分詞）

<u>Hurricane Alice</u> <u>hit</u> <u>the East Coast</u> yesterday,
　　主語　　　　動詞　　　目的語

<u>leaving</u> hundreds of beachside homes flooded.　——主節の結果を表す

（ハリケーンAliceはきのう東海岸を襲い、海岸沿いの家数百軒を浸水させた）

‖

Hurricane Alice hit the East Coast yesterday <u>and left</u> hundreds of beachside homes flooded.

　現在分詞の場合は、Hurricane Alice は leave する関係（能動）にある点に注意しましょう。分詞構文の場合は、分詞の意味上の主語は節の主語と同じです。その主語と分詞で使われている動詞が能動の関係か、受動の関係かということにだけ気をつければ、間違えることはないはずです。

現在分詞で表す時制が、文の動詞の時制よりも前の場合、分詞部分は〈having＋過去分詞〉の形になります。

Having traveled around the country, she found herself completely relaxed.
(その国を旅行して回ったおかげで、彼女はすっかりリラックスした気分になった)

上の文では、彼女が「旅行した」のは「リラックスした」よりも前の出来事だということが表されているのです。

プラチナセンテンス

MP3 ▶17

115 Speech contestants are expected to speak clearly and present concise, logical arguments.
（スピーチコンテストの出場者たちは、はっきりと話し、簡潔で論理的なスピーチをすることを期待されている）

116 The cost of the conference is going to depend primarily on the location of the hotel.
（会議の費用は主にホテルの場所に左右される）

117 Subscribers to the Financial Forecast mailing list are requested to update their contact information regularly.
（Financial Forecastのメーリングリストの購読者は、定期的に連絡先情報を更新するよう求められる）

118 The new legislation quickly solved the pollution problem that had been affecting the city.
（新たに制定された法律によって、その市に影響を及ぼしてきた汚染問題はすぐに解決した）

119 Our hotel gives maps to all guests so that they can easily find their way around the city.
（当ホテルでは、市内を散策しやすいようにすべてのお客様に地図を差し上げております）

120 Kids Da Vinci furniture is specifically designed to appeal to wealthy housewives with young children.
（Kids Da Vinciの家具は、特に小さな子どものいる裕福な主婦にアピールするようデザインされている）

121 The product development team has a streamlined system for quickly utilizing ongoing customer feedback.
（その商品開発チームは、顧客から継続的に寄せられる意見を迅速に活用するための効率的なシステムを持っている）

MP3 ▶ 18

122 The benefits of the new cost-efficient production model were immediately apparent.
（コスト効率の高い新たな製造モデルの効用はすぐにわかるものだった）

123 With globalization, building a Web site is half as expensive as it used to be.
（グローバル化で、ウエブサイトの構築にかかる費用はかつての半額になった）

124 Companies now have to respond more quickly to market changes than previously.
（企業は現在、以前にも増して市場の変化に迅速に対応しなければならなくなっている）

125 The main gallery of the museum is located in the larger of the two buildings.
（その美術館のメインギャラリーは、2つの建物のうちの大きいほうにある）

126 The West Exit File's unique storyline makes it one of the most interesting films to come out this year.
（The West Exit Fileは、そのユニークなストーリー展開のために、今年公開される映画のうちで最も面白いものの一つとなっている）

127 That diamond was the largest ever to be sold at an auction.
（そのダイヤモンドは、これまでオークションで売られた中で最大のものだった）

128 Besides her success as an actress, Ms. Gupta also has a Ph.D. in physics.
（女優として成功したうえに、Guptaさんは物理学の博士号も持っている）

129 You should check your application for mistakes before you turn it in.
（応募書類を提出する前に、誤りがないか確認するべきだ）

130 This agreement will remain in effect for a period of three years.
(この契約は3年間有効である)

131 MAO architecture firm won an award for its design of a modern wooden house.
(MAO建築会社は、その現代的な木造建築のデザインに対して賞を受けた)

132 Despite strong objections from residents, the city council approved the plan.
(地元住民の強い反対にもかかわらず、市議会はその計画を承認した)

133 Support Center will be closed during the year-end and New Year holidays.
(サポートセンターは年末年始の休暇中、休業いたします)

134 Snacks and refreshments will be served during the afternoon session.
(午後のセッションの間に軽食が出ます)

135 The company decided to review the service following a number of complaints by users.
(利用者からの数多くの苦情を受けて、その会社はサービスの見直しを決めた)

136 The small-screen tablet market has grown quickly over the past few years.
(小画面のタブレットの市場はここ数年の間に急成長した)

137 They are required to finish this project by the end of this month.
(彼らは今月末までにこのプロジェクトを終えなければならない)

MP3 ▶ 20

138 **The auto manufacturer will cut production by 15 percent in the second quarter.**
（その自動車メーカーは第2四半期に生産を15パーセント削減する予定だ）

139 **Here are several area beaches accessible by public transportation.**
（このエリアには公共交通機関で行くことのできるビーチがいくつかある）

140 **Many events and live performances are scheduled throughout the next few days.**
（この数日の間、多くのイベントやライブパフォーマンスが予定されている）

141 **Leave the key with the front desk whenever you leave the hotel.**
（ホテルから外出される際は、鍵をフロントにお預けください）

142 **The rescue party immediately started to distribute the food among flood victims.**
（救助隊はただちに洪水の被害者たちに食糧を配り始めた）

143 **The Sol Park complex is among the most state-of-the-art facilities in Asia.**
（Sol Park complexはアジアで最も先進的な施設の一つだ）

144 **As manager of the Big Hill office, Ms. Kim is responsible for leading its operations.**
（Big Hill事務所の所長として、Kimさんはその業務を指揮する責任を負っている）

145 **Commercial use of these materials is prohibited without prior written permission.**
（事前の書面による許可なしにこれらの資料を商用利用することは禁じられています）

146 Unopened items may be returned or exchanged within two weeks of purchase.
(未開封の商品に限り、ご購入後2週間以内の返品あるいは交換を承ります)

147 The city is going to make an announcement regarding the traffic regulation next month.
(市は来月の交通規制について発表を行う予定だ)

148 If you have any questions concerning our products, please feel free to contact us.
(当社の製品についてご質問がありましたら、お気軽にお問い合わせください)

149 Surprised by Mr. Reeves' sudden outburst, his coworkers went silent.
(Reevesさんが突然興奮したのに驚いて、彼の同僚たちは沈黙した)

150 Impressed by Janet's breathtaking violin solo, the auditorium burst into applause.
(Janetの息をのむようなバイオリンのソロに感動して、客席からは拍手が沸き起こった)

151 Hurricane Alice hit the East Coast yesterday, leaving hundreds of beachside homes flooded.
(ハリケーンAliceはきのう東海岸を襲い、海岸沿いの家数百軒を浸水させた)

152 Having traveled around the country, she found herself completely relaxed.
(その国を旅行して回ったおかげで、彼女はすっかりリラックスした気分になった)

章末チェック

1.
In addition to outdoor concerts, a variety of events will be held -------- the festival.
(A) during
(B) among
(C) aboard
(D) inside

2.
Not only is the food at Agave Organic delicious, but many are claiming it is the -------- upscale restaurant in the city.
(A) health
(B) healthier
(C) healthiest
(D) healthiness

3.
Owing to our high flexibility in production, we can respond -------- to changing market trends.
(A) quick
(B) quicken
(C) quickly
(D) quickness

4.
All items are thoroughly checked -------- any flaws or damage before leaving the warehouse.
(A) with
(B) for
(C) to
(D) of

5.
The new line of beverage products has boosted the company's financial performance -------- this quarter.
(A) drama
(B) dramatic
(C) dramatize
(D) dramatically

6.
After falling for three days, the company's stock price rose -------- today.
(A) slight
(B) slighter
(C) slightest
(D) slightly

7.
Kaori Maeda has made outstanding contributions to our company's growth -------- the past 18 years.
(A) among
(B) behind
(C) over
(D) than

8.
The new packing machine uses 20% less energy -------- the model it replaces.
(A) for
(B) with
(C) as
(D) than

9.
Before deciding to invest in the new company, we -------- examined the detailed business plan describing the short- and long-term goals.
(A) care
(B) cared
(C) careful
(D) carefully

10.
The release of Chester McMiller's latest political novel is -------- timed, as it coincides with this year's election.
(A) perfect
(B) perfectly
(C) perfection
(D) perfecting

11.
-------- rapidly growing competition, the store's sales increased by approximately 30% this year.
(A) Despite
(B) When
(C) As much as
(D) Besides

12.
In preparation for the Olympics, signs in the city are being updated so that they are -------- understandable for foreign visitors.
(A) easy
(B) easily
(C) ease
(D) eases

> **解答解説**

1.

In addition to outdoor concerts, a variety of events will be held -------- the festival.

(A) during (B) among
(C) aboard (D) inside

> **解説** 選択肢には前置詞が並んでいます。英文は群前置詞 In addition to（～に加えて）を使った修飾語句で始まっており、カンマの後ろに文の主語 a variety of events（さまざまなイベント）と文の動詞 will be held（開催される）があります。空欄に入る前置詞と空欄直後にある名詞 the festival とでカタマリを作ると考えられます。文意から考えて「フェスティバルの期間中」という意味になる (A) during を空欄に入れるのが適切です。

> **訳** フェスティバルの期間中は、野外コンサートに加え、さまざまなイベントが開催されます。

> **正解** (A) 【☞ 5-❸】

2.

Not only is the food at Agave Organic delicious, but many are claiming it is the -------- upscale restaurant in the city.

(A) health   (B) healthier
(C) healthiest (D) healthiness

> **解説** 選択肢には形容詞 healthy（健康によい）の変化形と派生形が並んでいます。一方、英文は2つの文からできています。最初の文は Not only が前に出て倒置を起こしており、主語は the food、動詞は is で、補語が delicious です。but 以降の文は many are claiming（多くの人が断言している）という主節があって、その後ろは are claiming の目的語となる節です。節中の主語は it（＝ Agave Organic）、動詞は is で、補語が restaurant です。選択肢に並んだ語と空欄の位置から restaurant を修飾する形容詞を選ぶことがわかります。形容詞である (B) か (C) が入れられますが、ここでは「町で一番健康によい」という意味になる最上級の (C) healthiest が適切です。空欄直前にある the が正解を選ぶためのヒントとなります。

> **訳** Agave Organic の食事はおいしいだけでなく、多くの人が町で一番健康によい高級レストランだと言っている。

> **正解** (C) 【☞ 5-❷】

3.

Owing to our high flexibility in production, we can respond -------- to changing market trends.

(A) quick
(B) quicken
(C) quickly
(D) quickness

解説 選択肢には形容詞 quick の派生形と変化形が並んでいます。冒頭、カンマまでは「われわれの生産における高い柔軟性によって」という意味の修飾語句です。空欄の前には文の主語 we と動詞 can respond があります。空欄の後ろには前置詞 to とその目的語が続いています。この to は respond to「〜に反応する」の to であると考えられます。この英文中では respond は自動詞として使われているので、名詞の (D) は不適切です。補語は必要ないので形容詞の (A) も空欄に入れられません。もちろん動詞の (B) も入りません。正解は副詞の (C) quickly です。

訳 生産における高い柔軟性によって、われわれは変化する市場の動向に素早く反応できる。

正解 (C)【☞ 5-❶】

4.

All items are thoroughly checked -------- any flaws or damage before leaving the warehouse.

(A) with
(B) for
(C) to
(D) of

解説 選択肢には前置詞が並んでいます。文の主語は All items（すべての商品）、動詞は are checked（調べられる）です。thoroughly（徹底的に）は動詞を修飾している副詞です。文末には before leaving the warehouse「倉庫を出る前に」という修飾語句があります。空欄直後の any flaws or damage「何らかの欠陥や損傷」は空欄に入る前置詞の目的語であることがわかります。文意から「〜を探して」を意味する (B) for が正解となります。

訳 すべての商品は倉庫を出る前に何らかの欠陥や損傷がないか徹底的に調べられる。

正解 (B)【☞ 5-❸】

5.
The new line of beverage products has boosted the company's financial performance -------- this quarter.

(A) drama
(B) dramatic
(C) dramatize
(D) dramatically

解説 選択肢には名詞 drama（劇）の派生語が並んでいます。文の主語は The new line of beverage products（新シリーズの飲料製品）、動詞は has boosted（〜を押し上げた）です。文末の this quarter は「今四半期」という意味で、ここでは副詞的に使われています。空欄に入る語は、the company's financial performance とともに動詞の目的語を作るか、単独で動詞を修飾しているか、どちらかだと考えられます。ここでは、副詞の (D) dramatically（劇的に）を入れると意味が通ります。正解は (D)。

訳 新シリーズの飲料製品がその会社の今四半期の業績を劇的に押し上げた。

正解 (D)【☞ 5-❶】

6.
After falling for three days, the company's stock price rose -------- today.

(A) slight
(B) slighter
(C) slightest
(D) slightly

解説 選択肢には形容詞 slight（わずかな）の変化形と派生形が並んでいます。一方、英文は、冒頭からカンマまでは「3日間下がったあと」という意味の修飾語句で、文の主語は the company's stock price（会社の株価）、動詞は rose（上昇した）です。空欄を除いた意味「その会社の株価は本日、上がった」を考えると、副詞の (D) slightly が適切であるとわかります。

訳 その会社の株価は、3日間下がったあと、本日わずかに上がった。

正解 (D)【☞ 5-❶】

7.

Kaori Maeda has made outstanding contributions to our company's growth -------- the past 18 years.

(A) among
(B) behind
(C) over
(D) than

解説 選択肢は前置詞です。文の主語はKaori Maeda、動詞はhas made。make contributions toは「〜に貢献する」という意味です。空欄の後ろにあるthe past 18 years（この18年）は空欄に入る前置詞の目的語になり修飾語句を作ると考えられます。空欄の前の「Kaori Maedaはわが社の発展に多大な貢献をしてきた」とつながるようにするには、「(ある期間)にわたって」を意味する(C) overが適切です。

訳 Kaori Maedaは18年にわたり、わが社の発展に多大な貢献をしてきた。

正解 (C)【☞ 5-❸】

8.

The new packing machine uses 20% less energy -------- the model it replaces.

(A) for
(B) with
(C) as
(D) than

解説 この問題も選択肢には前置詞が並んでいます。文の主語はThe new packing machine（新しい包装機）、動詞はuses（〜を使う）です。空欄の前には動詞の目的語である名詞energy（エネルギー）があります。空欄の後ろはthe modelとそれを修飾する関係代名詞節です。energyが形容詞little（少ない）の比較級lessで修飾されていることから、the modelは、消費エネルギーに関して、The new packing machineの比較対象とされていると考えられます。したがって、正解は(D) thanです。

訳 新しい包装機は入れ替えられるモデルより消費エネルギーが20%少ない。

正解 (D)【☞ 5-❷】

9.
Before deciding to invest in the new company, we -------- examined the detailed business plan describing the short- and long-term goals.

(A) care
(B) cared
(C) careful
(D) carefully

解説 選択肢にはcareの変化形や派生形が並んでいます。一方、英文の冒頭、カンマまでは「その新しい会社への投資を決める前に」という意味の修飾語句です。空欄の前には文の主語weがあり、後ろには文の動詞examined（〜を精査した）があります。examinedの後ろには名詞句the detailed business planとそれを修飾するdescribing the short- and long-term goalsがあり、動詞の目的語になっています。品詞から考えて、空欄には副詞である(D) carefully（慎重に）を入れるのが適切だとわかります。動詞の目的語が長いため、修飾関係があいまいにならないよう動詞の前に置かれていると考えられます。

訳 その新しい会社への投資を決める前にわれわれは、短期的目標と長期的目標を説明した詳細な事業計画を入念に精査した。

正解 (D)【☞ 5-❶】

10.
The release of Chester McMiller's latest political novel is -------- timed, as it coincides with this year's election.

(A) perfect
(B) perfectly
(C) perfection
(D) perfecting

解説 選択肢にはperfectの派生語や変化形が並んでおり、品詞はさまざまです。文の主語はThe release（発表）です。timedはtime（〜を好時機に行う）の過去分詞で、isとともに文の動詞となっています。つまり、この文は受動態です。カンマ以降は接続詞asに導かれた節「それ（発表）は今年の選挙と同時に起こる」があります。選択肢のうち、受動態の文の動詞であるbe動詞と過去分詞の間に置かれるのにふさわしいのは、副詞の(B) perfectly（申し分なく）だけです。

訳 Chester McMillerの最新政治小説は、今年の選挙という絶好のタイミングに合わせて発表される。

正解 (B)【☞ 5-❶】

11.

-------- rapidly growing competition, the store's sales increased by approximately 30% this year.

(A) Despite
(B) When
(C) As much as
(D) Besides

解説 選択肢には、前置詞や接続詞などが並んでいます。一方、英文のカンマの後ろは「その店の売上は今年、およそ30％増加した」という意味の節です。空欄の後ろは名詞competition（競争）を中心とする名詞句で、形容詞growing（増大する）はcompetitionを、副詞rapidly（急速に）はgrowingをそれぞれ修飾しています。選択肢に並んだ語句のうち、名詞句とともに修飾語句を作る可能性があるのは(A)、(C)、(D)ですが、ここでは文意から、「～にもかかわらず」を意味する(A) Despiteが正解です。

訳 急速に激化する競争にもかかわらず、その店の売上は今年、およそ30％増加した。

正解 (A)【☞ 5-❸】

12.

In preparation for the Olympics, signs in the city are being updated so that they are -------- understandable for foreign visitors.

(A) easy
(B) easily
(C) ease
(D) eases

解説 選択肢には動詞ease（～を緩和する）の変化形、派生形が並んでいます。英文の冒頭は「オリンピックに備えて」という意味の修飾語句。文の主語はsigns（標識）、文の動詞はare being updated（新しくされている）です。続くso thatは、ここでは目的を表す節を導いています。that節内の主語はthey、動詞はareで、空欄直後の形容詞understandable（理解できる）は補語だと考えられます。節内は空欄を除いても完全な文になっています。したがって、空欄にはunderstandableを修飾する副詞(B) easilyを入れるのが適切です。

訳 オリンピックに備えて、街の標識は外国人客にもわかりやすくなるように掛け替えが進んでいる。

正解 (B)【☞ 5-❶】

Chapter 6
つなぐ言葉

Chapter 6-① 接続詞

よく出る度 2
★★☆

> Chapter 5までで、英語の文の構成要素で一番大事な名詞と動詞、それから名詞や動詞を修飾するさまざまな言葉について勉強してきたね。このChapterでは単語と単語、句と句、節と節をつなぐ言葉について勉強するよ。このセクションではまず、つなぐ言葉の代表である接続詞について見ていこう。

> 接続詞って、andとかですか？

> andも接続詞ですね。英語の接続詞は、大きく「等位接続詞」と「従属接続詞」の2つに分かれますが、andは等位接続詞の中でも最も代表的な接続詞です。等位接続詞はその名のとおり、同じ価値の語や句、節をつなぎます。

例

<u>local</u> **and** <u>national</u> tax　　（地方税と国税）
形容詞　接続詞　形容詞

<u>inclement weather</u> **and** <u>other emergencies</u>　　（悪天候とその他の緊急事態）
名詞句　　　　接続詞　　名詞句

<u>Ms. Smalls was hired as project manager</u> **and**
節　　　　　　　　　　　　　　　　　　接続詞

<u>she is now an executive director</u>.
節

（Smallsさんはプロジェクトマネージャーとして採用され、今は専務取締役だ）

このように、接続詞andは、単語と単語、句と句、節と節を結び、「AとB」（並列）、「AそれからB」（順序）を表します。

例題 A challenge in today's global market is finding a quick and -------- method for communicating across borders.
(A) effect
(B) effects
(C) effective
(D) effectively

Ⓐ Ⓑ ⓒ Ⓓ

　選択肢を見ると、effectの変化形、派生形が並んでいます。一方、英文を見ると、真ん中あたりにisがあるので、A challenge in today's global market（今日のグローバル市場における課題）が主語です。動詞をどう見るかは難しいところで、is findingとあるので現在進行形にも見えますが、後ろにfindの目的語method（方法）があり、進行形として訳すと「課題が方法を見つけている」となって意味的に不自然です。このfindingは動名詞で、「見つけること」という意味。A challenge in today's global market is finding ...で、「今日のグローバル市場における課題は…を見つけることだ」という意味の文になります。
　ところで、空欄の前後を見ると、finding a quick and -------- methodとなっていますね。このandがポイントです。andは等価値なものを結ぶので、空欄には形容詞quick（迅速な）と等価値なものが入るはず。正解は形容詞の(C) effective（効果的な）です。for communicating across borders（国境を越えて意思疎通を行うための）は直前のmethodを修飾する修飾語句です。

■ 語と語を結ぶand

A challenge in today's global market is finding a <u>quick</u> and
　　　　　　　　　　　　　　　　　　　　　　　　　　　　　　形容詞　　and

<u>effective</u> method for communicating across borders.
　形容詞

（今日のグローバル市場における課題とは、国境を越えて意思疎通を行うための迅速で効果的な方法を見出すことだ）

もう1問見てみましょう。

例題 This new battery technology is expected to raise performance -------- lower cost.
(A) again
(B) still
(C) too
(D) and

Ⓐ Ⓑ Ⓒ Ⓓ

選択肢には副詞と接続詞が並んでいます。どれも基本語ですが、このような選択肢の場合、前後の単語の品詞や意味を正しく捉えないと解けないことが多いので、注意が必要です。

英文を見ると、動詞 is の前まで This new battery technology（この新しいバッテリーの技術）が主語。be expected to do は「〜することが期待されている」という意味の定型表現です。空欄の前後は、raise performance が「性能を向上させる」、lower cost が「コストを下げる」で両方とも動詞句です。なので、空欄には等価値の語句を結ぶ接続詞 and を入れるのが適切です。正解は (D)。lower は形容詞 low の比較級でもありますが、「〜を下げる」という意味の動詞もあることを覚えておきましょう。

■ 句と句を結ぶ and

This new battery technology is expected to raise performance and
　　　　　　　　　　　　　　　　　　　　　　　　　　[動詞句]　　　　　　　and
lower cost.
[動詞句]

（この新しいバッテリーの技術は性能を向上させ、コストを下げると期待されている）

このように、and を手がかりに前後の語句を選ばせたり、逆に前後の語句を手がかりに and を選ばせたりする問題が、TOEIC では高い頻度で出題されます。落ち着いて考えれば無理なく解ける問題が多いので、品詞に気をつけながら解くようにしましょう。

ここで、TOEICで出題されるその他の接続詞についてもまとめておきましょう。

■ but

「しかし、けれども」と逆接を表す接続詞です。

About 300 wheelchair-accessible seats are available, **but** you must reserve them in advance.
(車いす対応の座席が約300席ありますが、事前に予約する必要があります)

等位接続詞のbutは、接続副詞のhowever（しかしながら）、従属接続詞although / though（〜だけれども）との使い分けを問われることもあります。howeverは副詞で、語句と語句や節と節を結びつける言葉ではありません。なので、後ろに節が1つ続くだけです。またalthough / thoughは後ろに従属節を伴います（詳しくは231ページを参照してくださいね）。

About 300 wheelchair-accessible seats are available. **However** you must reserve them in advance.
(車いす対応の座席が約300席あります。しかしながら、事前に予約する必要があります)

Although you must reserve in advance, about 300 wheelchair-accessible seats are available.
(事前に予約する必要はありますが、車いす対応の座席が約300席あります)

■ or

「AかBか」、「AあるいはB」と、選択を表す接続詞です。

You can save $100-$150 a month by using coupons **or** getting cash back.
(クーポンを使うか、キャッシュバックを得ることで、月に100〜150ドル節約することができる)

■ rather than

A rather than Bで「BよりもむしろA」という意味を表します。2語で1つの接続詞として働いています。

Some Internet marketers are saying that effective blogging depends on quantity **rather than** quality.
(インターネットマーケティング担当者の中には、効果的なブログは質よりも量に依存すると言う人もいる)

---

andを含む慣用的な表現を見ておきましょう。日本語では「〜以上」、「〜以下」と言う場合、「〜」に入る数値を含みますが、英語でmore than / less thanあるいはover / underと言う場合は、「〜」に入る数値を含みません。そこで、以下のような言いかたをすることになります。

This picture book is intended for children five years of age **and under**.
(この絵本は5歳以下の子ども向けです)

　このand underはand under five years of ageの略で、children five years of age and underで「5歳、および5歳未満の子ども」という意味になります。日本語なら「5歳以下の子ども」と言えば済むので、便利ですね。

■ 従属接続詞

今度はもう一つの接続詞、「従属接続詞」について見ていきましょう。

「従属接続詞」は、主節と従属節とを結びつける働きをします。「主節」「従属節」とは何でしょうか。「主」「従」という文字が入っていることから推測できるように、主節は偉く、従属節はそれに従う存在です。Chapter 0（11ページ）を思い出してください。修飾されるものは偉く、修飾するものは、見た目は華やかですが、要するにただの飾りでしたね。従属節とは「修飾する節」、主節とは「修飾される節」を指します。

```
   主節                    修飾            従属節
┌─────────────────┐     ┌──────────────────┐
 They will give you advice  when you need it.
  [主語] [動詞]           [従属接続詞][主語][動詞]
```

（あなたが必要とするとき、彼らはアドバイスしてくれます）

上の例文の太字whenが従属接続詞で、「〜するとき」という意味を表します。They will give you advice（彼らはあなたにアドバイスする）が主節、接続詞whenが導く節、つまりwhen you need it（あなたがそれを必要とするとき）が従属節です。見た目は大げさですが、when以下が主節を修飾しているのです。下の文を見てください。

```
              修飾          修飾語句
           ┌──────┐
 They will give you advice  in advance.
  [主語] [動詞]
```

（彼らは前もってアドバイスしてくれます）

in advanceは修飾語句で、They will give you adviceを修飾していますね。上の文の従属節が、下の文のin advanceと同じようにThey will give you adviceを修飾していることがわかるでしょうか。

なお、上の文は従属節を前に持ってくることもできます。前にあっても後ろにあっても、接続詞で始まる節は従属節で、主節を修飾しています。

```
          修飾
   従属節  ┌──────┐   主節
  ┌──────┐ ↓      ↓ ┌──────────────────┐
  (When you need it,) (they will give you advice.)
```

さあ、従属接続詞の基本的な使いかたを学んだところで、次の問題を見てみましょう。

例題 You must carry your license with you -------- you're fishing in the lake.
(A) hardly
(B) just
(C) when
(D) soon

Ⓐ Ⓑ Ⓒ Ⓓ

　選択肢には副詞と接続詞が並んでいます。一方英文を見ると、空欄の前後に２つの節がありますね。前半の You must carry your license with you は「あなたは免許証を携帯していなければならない」という意味、また後半の you're fishing in the lake は「あなたはその湖で釣りをしている」という意味です。1文に２つの節があるときには、それらを接続詞で結ばなければなりません。選択肢の中で接続詞として働くのは when だけ。正解は (C) です。

　接続詞 when が導く節が、主節 You must carry your license with you を修飾しています。

■ 接続詞 when

```
        主節                           従属節
(You must carry your license with you)  (when you're fishing in the lake.)
  主語  動詞                          接続詞 主語   動詞
```

（その湖で釣りをするときには免許証を携帯していなければならない）

さあ、それではここで、TOEICで出題される従属接続詞についてもまとめておきましょう。等位接続詞のときと同じように、2語以上で1つの従属接続詞として働くものも挙げておきます。

■ after
「〜したあと」という意味。前置詞の使いかた（「〜のあと」）から類推しやすいと思います。反対語のbefore（〜する前）も覚えておきましょう。

<u>After</u> Polar Bear Co. announced first-quarter earnings, the company's stock rose five percent.
(Polar Bear社が第1四半期の収益を発表すると、同社の株価は5パーセント上昇した)

■ if
「(もし)〜なら」。仮定法の文でも使いますが、仮定法ではなく単なる想定を表す文でも非常によく使う接続詞です。

We'll be able to send these files tomorrow <u>if</u> everything goes as planned.
(すべて予定どおりにいけば、明日これらのファイルをお送りすることができます)

■ although / though
「〜だけれども」という逆接の意味。等位接続詞butとの違いに注意しましょう。butで結ばれる2つの節は等価値ですが、althoughに導かれる節は従属節。もう一方の節が主節です。

<u>Although</u> West Side Bakery has been selling cookies for over 20 years, it only started expanding last year.
(West Side Bakeryは20年以上クッキーを販売しているが、去年になってやっと売れ始めた)

■ since

大きく分けて、①「〜なので」、②「〜して以来」の2つの意味があります。どちらも文法問題で出題されるので、しっかり覚えておきましょう。

Since the elevator was not working, they had to use the stairs.
(エレベーターが動いていなかったので、彼らは階段を使わなければならなかった)

Scott and Lisa have known each other **since** they were high school students.
(ScottとLisaは高校生のときからの知り合いだ)

■ until / till

「〜まで(ずっと)」という意味。これらには前置詞としての使いかたもあります。前置詞の場合は、そう、後ろに名詞(句)が来るんでしたよね。(忘れてしまった人は198ページへGo!)

We'll wait to start the staff meeting **until** everyone arrives.
(全員が到着するまで、スタッフミーティングを始めるのを待ちます)

■ while

「〜ではあるが、〜である一方」という対比を表します。「〜する間」という意味もあり、前置詞duringが正解になる問題の誤答選択肢として登場することもあります(whileには前置詞としての使いかたはないので、空欄の後ろに節ではなく名詞(句)がある場合は、whileは入りません。

While a rebate is offered for most products, few customers make use of it.
(ほとんどの商品は割引できるが、ほとんどの客はそれを利用していない)

■ once

「〜するとすぐに、〜した時点で」という意味。「1回、かつて」という意味の副詞としての使いかたもあります。

<u>Once</u> you pay the enrollment fee for the workshop, we'll send you the pre-course task materials.
(研修会の登録料をお支払いいただいた時点で、受講前の課題資料をお送りします)

■ unless

「〜しない限り、〜する場合を除いて」という意味。if ... not で書き換えることができますが、unless は仮定法では使われません。

<u>Unless</u> Zipco manufacturing finds a way to drastically cut costs, many employees will have to be let go.
(Zipco manufacturing は抜本的なコスト削減策を見つけない限り、多くの従業員が解雇を余儀なくされる)

■ even though

「〜ではあるが」という意味。even は強調を表す語で、実際に起きたことについて使います。似た表現に even if がありますが、こちらは「(仮に)〜だとしても」と、仮定の話をするときに使います。

Professor Brown gave a beautiful speech <u>even though</u> he had little time to prepare.
(準備の時間はほとんどなかったが、Brown 教授は素晴らしいスピーチをした)

■ now that

「(今や)〜したので」という意味。文頭で使うことが多いです。

<u>Now that</u> the conference location has been determined, companies can start booking flights and hotel rooms.
(会議の開催地が決まったので、企業は飛行機とホテルの予約を始めることができる)

■ so ... that 〜

「とても…なので〜」という意味。so の後ろに強調される形容詞/副詞が入り、そのあとに that 節が続きます。

The number of the employees grew **so** quickly **that** they had to move to a larger office.
(従業員の数が急激に増えたので、彼らはより大きな事務所に移らざるを得なくなった)

■ **in the event that**

「万が一〜した場合には」という意味。

In the event that you misplace your key, please report to the front desk.
(鍵をなくされた場合は、フロントまでご連絡ください)

従属節の主語が主節の主語と同じなど明らかで、動詞がbe動詞の場合、従属節の接続詞に続く〈主語＋be動詞〉が省略される場合があります。

Passengers are required to take off their accessories **when passing** through security.
(乗客はセキュリティゲートを通る際にアクセサリーを外すよう求められる)

例えば上の文では、whenの後ろにthey areが省略されています（このtheyは主節のPassengersを受けています）。いちいち言わなくてもわかるということですね。下の文も同じ構造です。

Carry out all user checks **as outlined** in the engine instruction manual.
(エンジン取扱説明書に概要が述べられているとおりにユーザーのすべての確認事項を行ってください)

この文では、asの後ろにthey areが省略されています（このtheyは主節のall user checksを受けています）。

227ページのbutの説明で接続副詞のhoweverについて触れました。接続副詞は文法的には副詞なので、単独で節を導くことはありませんが、ほかの接続詞とともに使われたり、文頭に置かれたりして前の文との橋渡しをする、意味的には接続詞のような語です。文法問題で正答になることはあまり多くはありませんが、誤答選択肢としてしばしば登場しますし長文問題を読む上でも重要な語なので、代表的なものをいくつか見ておきましょう。

■ therefore

「したがって、それゆえ」という意味。

Children under six years of age are free and **therefore** do not need a ticket.

（6歳未満のお子様は無料なので、チケットは必要ありません）

■ otherwise

「さもないと」という意味。262ページも参照。

Please make sure to reconfirm your booking before you arrive. **Otherwise,** we may cancel your booking.

（到着前に必ずご予約の再確認をしてください。ご連絡いただけない場合は、予約を取り消させていただく場合もございます）

そのほか、besides「そのうえ」、moreover「そのうえ」、nevertheless「しかしながら」、consequently「その結果」も覚えておきましょう。

Chapter 6-② 相関接続詞

よく出る度 3 ★★★

> 文法問題は、文法をきちんと理解して解かなきゃだめだけれど、実は形を知っていればほとんど機械的に解けてしまう問題もあるんだ。

> えっ、本当ですか？ 教えてください！

日本語でも形の決まった表現というものがあります。例えば、
「KenもYukiも○○会議に出席する」
「KenかYukiか○○会議に出席する」
という文の○○に「どちらも」「どちらかが」を入れるとしましょう。皆さん、答えはわかりますね。上の文には「どちらも」、下の文には「どちらかが」が入ります。これは空欄の前にある「も」「か」という助詞と「どちらも」「どちらかが」が対応しているからです。「AもBもどちらも」「AかBかどちらか」というのは定型表現なんですね。

英語にも同じような定型表現があります。

```
both A and B      (AもBも両方とも)
either A or B     (AかBかどちらか)
neither A nor B   (AもBもどちらも～ない)
whether A or B    (AかBか、AであれBであれ)
```

このように2つのものをセットにする表現を「相関接続詞」と言います。TOEICの文法問題では、この相関接続詞を問う問題が高い頻度で出題されます。知ってさえいればほとんど瞬間的に正解を選ぶことができるので、確実に覚えてしまいましょう。声に出して、それぞれ10回ずつ読んでみてください。

どうですか？　覚えましたか？　それでは具体的な問題で見てみましょう。

例題 The restaurant at Highland Park Clubhouse offers -------- fine dining and casual fare.
(A) as
(B) either
(C) both
(D) all

Ⓐ Ⓑ Ⓒ Ⓓ

選択肢には、前置詞や形容詞らしき語が並んでいます。英文を見ると、文頭のThe restaurant at Highland Park Clubhouse (Highland Park Clubhouseのレストラン) が主語、続くoffers (〜を提供する) が動詞ですね。そして空欄があり、その後ろにはfine dining and casual fare (高級料理とカジュアルな食事) があります。

「レストランが食事を提供する」という文脈だと考えると、前置詞asを入れることはできません。またfine dining and casual fareが〈単数名詞＋単数名詞〉の形なので、allも入りません。andに注目すると、both A and B (AもBも両方とも) を入れるのが適切だと見当がつきます。offers both fine dining and casual fare (高級料理もカジュアルな食事もどちらも提供する) で意味も通りますね。正解は(C)。

■ both A and Bの文

<u>The restaurant at Highland Park Clubhouse</u>　<u>offers</u>
　　　　　　　　　主語　　　　　　　　　　　　　　　動詞

<u>**both** fine dining **and** casual fare</u>.
　　　　　　　目的語

(Highland Park Clubhouseのレストランは高級料理もカジュアルな食事もどちらも提供する)

もう1問、TOEICで頻出の相関代名詞を見ておきましょう。

例題 Conference attendees can book rooms in -------- the Blue Lotus Hotel or the Royal Garden Suites.
(A) unless
(B) both
(C) either
(D) without

Ⓐ Ⓑ Ⓒ Ⓓ

　選択肢を見ると、接続詞や前置詞などが並んでいます。一方、英文の主語がConference attendees（会議の出席者）だということはわかるでしょう。動詞はわかりますか？　助動詞canがあるのでbookが動詞ですね。bookには「～を予約する」という意味の動詞の使いかたがあります。TOEICの頻出単語なので覚えておいてくださいね。book rooms in ... で「…に部屋を予約する」という意味。

　空欄があり、その後ろに2つの宿泊施設名が並んでいて、その間にorがありますね。2つのものをセットにし、orを使う表現といえば……。そう、either A or Bですね。either the Blue Lotus Hotel or the Royal Garden Suitesで、「Blue Lotus HotelかRoyal Garden Suitesのどちらか」という意味になります。正解は(C)。eitherではなくorを選ばせる問題も出題されます。

■ either A or Bの文

<u>Conference attendees</u>　<u>can book</u>　<u>rooms</u>　in **either** the Blue Lotus
　　　主語　　　　　　　　動詞　　　　　目的語

Hotel **or** the Royal Garden Suites.
（会議の出席者はBlue Lotus HotelかRoyal Garden Suitesに部屋を予約することができる）

　その他、上の2つの表現に比べれば出題頻度は落ちますが、TOEICで問われる可能性のある相関代名詞を挙げておきましょう。

■ whether A or B

「AかBか、AであれBであれ」という意味。whether or not（〜かどうか）という形もあります。whether を選ばせる問題、or を選ばせる問題のどちらも出題されます。

It is important to use a recognizable domain name, **whether** for business **or** personal use.
（事業用であれ、個人使用であれ、わかりやすいドメイン名を使うことは重要だ）

■ neither A nor B

「AもBも〜ない」という意味。either A or Bの否定形で、形もeitherとorにそれぞれnをつけた形ですね。代名詞のneitherの使いかたと一緒に覚えておくといいでしょう（35ページを参照してください）。

Neither eating **nor** drinking is allowed on the swimming pool deck.
（プールデッキでの飲食は禁じられている）

Chapter 6-❸ 関係代名詞（非制限用法）

よく出る度 1 ★☆☆

> 節と節をつなぐには接続詞を使えばいいんですね。

> そのとおりだよ。でもね、それ以外にも節をつなぐやりかたはあるんだ。

　　前のセクションでは、接続詞を使った節のつなぎかたを学びました。このセクションでは、関係代名詞を使った節のつなぎかたを学びます。皆さんはChapter 3で名詞を修飾する関係代名詞について勉強したのを覚えていますか？　ここで学ぶ関係代名詞は、Chapter 3で学んだものとは少し違います。その違いを生み出しているのはズバリ「,」（カンマ）の存在です。

Susan has two brothers who are working in Dubai.
Susan has two brothers, who are working in Dubai.

　上のとてもよく似た2つの文には、1つだけ違う点があるのですが、わかりますか？　そう、「,」の有無です。この違いによって、意味に違いが出てきます。上の文は「Susanにはドバイで働く2人の兄弟がいる」、下の文は「Susanには2人の兄弟がいて、彼らはドバイで働いている」という意味です。違い、わかりますね？　上の文では、Susanに兄弟が全部で何人いるかはわかりません。わかるのはドバイで働く兄弟が2人いるということだけ。ほかに、ロンドンやシドニーで働く兄弟がいるかもしれないし、兄弟は2人しかいないかもしれません。そのことについては触れていないのでわからないのです。一方、下の文は、カンマで一度文が切れており、Susanには2人の兄弟がいると言い切っています。したがって、ほかに兄弟はいません。カンマ以下は兄弟が2人いるという情報の補足なのです。

　文法的には、Chapter 3で学んだ、カンマのつかない、名詞を修飾する関係代名詞の使いかたを「制限用法」、カンマつきの、名詞を補足説明する関係代名詞の使いかたを「非制限用法」と呼びます。でも、こんな呼び名は無理して覚えなくてもいいですからね。

［制限用法］

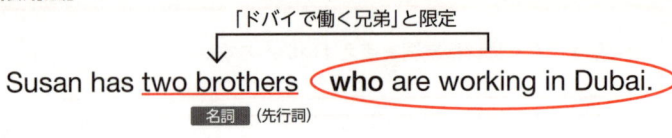

「ドバイで働く兄弟」と限定

Susan has two brothers who are working in Dubai.
　　　　　　　名詞（先行詞）

（Susanにはドバイで働く2人の兄弟がいる）

［非制限用法］

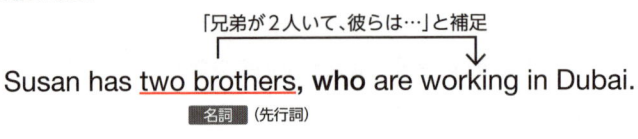

「兄弟が2人いて、彼らは…」と補足

Susan has two brothers, who are working in Dubai.
　　　　　　　名詞（先行詞）

（Susanには2人の兄弟がいて、彼らはドバイで働いている）

それでは問題を見てみましょう。

例題 Griffith Enterprises has begun building an office in Vietnam, -------- will serve as their new headquarters.
(A) when
(B) what
(C) where
(D) which

ⒶⒷⒸⒹ

　選択肢を見ると、関係詞が並んでいます。（どれも疑問詞でもありますが、文末がピリオドなので、疑問文ではないですよね？）英文はカンマで2つに分かれていて、前半はGriffith Enterprises has begun building an office in Vietnam（Griffith Enterprisesはベトナムにオフィスを建て始めた）という完結した文。カンマのあとには空欄があって、さらにwill serveと動詞が続いています。

　後ろの節には主語に当たるものがないので、主語になり得る関係詞を探すと、(B) whatか(D) whichのどちらかに絞られます。ただし、whatはChapter 1でも学んだように、the thing whichと同じ働きを持ち、後ろに続く動詞も含めて1つの名詞句になってしま

うので(つまり、カンマの後ろが名詞のカタマリになってしまうので)、成り立ちません。正解は(D)。

　直前にカンマがあるので非制限用法ですね。つまり「Griffith Enterprisesはベトナムにオフィスを建て始めたが、そのオフィスは……」と、前に出てきた名詞(office)を補足する使いかたです。

■ **関係代名詞の非制限用法**

「オフィスを建て始めたが、そのオフィスは…」(補足)

<u>Griffith Enterprises</u> <u>has begun building</u> <u>an office</u> in Vietnam, **which**
　　　　主語　　　　　　　　動詞　　　　　　　目的語

will serve as their new headquarters.

(Griffith Enterprisesはベトナムにオフィスを建て始めたが、そのオフィスは新たな本部となる予定だ)

　関係代名詞の非制限用法まで学びました。皆さん、ここまでよく頑張ってきましたね。最後に、その応用例を1つだけ見ておきましょう。

Mailing these packages overseas will cost $3 per item or $5 per pound, **whichever** is cheaper.

　上の文のwhicheverは「どちらが〜であっても」という意味の関係代名詞です。文前半のMailing these packages overseas will cost $3 per item or $5 per poundは、「これらの荷物を海外に送るには、荷物1つにつき3ドルか、1ポンドにつき5ドルかかる」という意味。whichever is cheaper(どちらでも安いほう)がそれを補足しています。文全体では、「これらの荷物を海外に送るには、荷物1つにつき3ドルか、1ポンドにつき5ドル、どちらか安いほうの金額がかかります」という意味になります。

プラチナセンテンス　MP3 ▶ 22

153 A challenge in today's global market is finding a quick and effective method for communicating across borders.
（今日のグローバル市場における課題とは、国境を越えて意思疎通を行うための迅速で効果的な方法を見出すことだ）

154 This new battery technology is expected to raise performance and lower cost.
（この新しいバッテリーの技術は性能を向上させ、コストを下げると期待されている）

155 About 300 wheelchair-accessible seats are available, but you must reserve them in advance.
（車いす対応の座席が約300席ありますが、事前に予約する必要があります）

156 You can save $100-$150 a month by using coupons or getting cash back.
（クーポンを使うか、キャッシュバックを得ることで、月に100〜150ドル節約することができる）

157 Some Internet marketers are saying that effective blogging depends on quantity rather than quality.
（インターネットマーケティング担当者の中には、効果的なブログは質よりも量に依存すると言う人もいる）

158 This picture book is intended for children five years of age and under.
（この絵本は5歳以下の子ども向けです）

159 You must carry your license with you when you're fishing in the lake.
（その湖で釣りをするときには免許証を携帯していなければならない）

160 After Polar Bear Co. announced first-quarter earnings, the company's stock rose five percent.
（Polar Bear社が第1四半期の収益を発表すると、同社の株価は5パーセント上昇した）

MP3 ▶ 23

161 We'll be able to send these files tomorrow if everything goes as planned.
(すべて予定どおりにいけば、明日これらのファイルをお送りすることができます)

162 Although West Side Bakery has been selling cookies for over 20 years, it only started expanding last year.
(West Side Bakeryは20年以上クッキーを販売しているが、去年になってやっと売れ始めた)

163 Since the elevator was not working, they had to use the stairs.
(エレベーターが動いていなかったので、彼らは階段を使わなければならなかった)

164 Scott and Lisa have known each other since they were high school students.
(ScottとLisaは高校生のときからの知り合いだ)

165 We'll wait to start the staff meeting until everyone arrives.
(全員が到着するまで、スタッフミーティングを始めるのを待ちます)

166 While a rebate is offered for most products, few customers make use of it.
(ほとんどの商品は割引できるが、ほとんどの客はそれを利用していない)

167 Once you pay the enrollment fee for the workshop, we'll send you the pre-course task materials.
(研修会の登録料をお支払いいただいた時点で、受講前の課題資料をお送りします)

168 Unless Zipco manufacturing finds a way to drastically cut costs, many employees will have to be let go.
(Zipco manufacturingは抜本的なコスト削減策を見つけない限り、多くの従業員が解雇を余儀なくされる)

MP3 ▶24

169 **Professor Brown gave a beautiful speech even though he had little time to prepare.**
(準備の時間はほとんどなかったが、Brown教授は素晴らしいスピーチをした)

170 **Now that the conference location has been determined, companies can start booking flights and hotel rooms.**
(会議の開催地が決まったので、企業は飛行機とホテルの予約を始めることができる)

171 **The number of the employees grew so quickly that they had to move to a larger office.**
(従業員の数が急激に増えたので、彼らはより大きな事務所に移らざるを得なくなった)

172 **In the event that you misplace your key, please report to the front desk.**
(鍵をなくされた場合は、フロントまでご連絡ください)

173 **Passengers are required to take off their accessories when passing through security.**
(乗客はセキュリティゲートを通る際にアクセサリーを外すよう求められる)

174 **Carry out all user checks as outlined in the engine instruction manual.**
(エンジン取扱説明書に概要が述べられているとおりにユーザーのすべての確認事項を行ってください)

175 **Children under six years of age are free and therefore do not need a ticket.**
(6歳未満のお子様は無料なので、チケットは必要ありません)

MP3 ▶25

176 **Please make sure to reconfirm your booking before you arrive. Otherwise, we may cancel your booking.**
(到着前に必ずご予約の再確認をしてください。ご連絡いただけない場合は、予約を取り消させていただく場合もございます)

177 **The restaurant at Highland Park Clubhouse offers both fine dining and casual fare.**
(Highland Park Clubhouseのレストランは高級料理もカジュアルな食事もどちらも提供する)

178 **Conference attendees can book rooms in either the Blue Lotus Hotel or the Royal Garden Suites.**
(会議の出席者はBlue Lotus HotelかRoyal Garden Suitesに部屋を予約することができる)

179 **It is important to use a recognizable domain name, whether for business or personal use.**
(事業用であれ、個人使用であれ、わかりやすいドメイン名を使うことは重要だ)

180 **Neither eating nor drinking is allowed on the swimming pool deck.**
(プールデッキでの飲食は禁じられている)

181 **Griffith Enterprises has begun building an office in Vietnam, which will serve as their new headquarters.**
(Griffith Enterprisesはベトナムにオフィスを建て始めたが、そのオフィスは新たな本部となる予定だ)

182 **Mailing these packages overseas will cost $3 per item or $5 per pound, whichever is cheaper.**
(これらの荷物を海外に送るには、荷物1つにつき3ドルか、1ポンドにつき5ドル、どちらか安いほうの金額がかかります)

章末チェック

1.
-------- the scholarship recipients are decided, applicants will be informed via e-mail.
(A) Unless
(B) Then
(C) Later
(D) Once

Ⓐ Ⓑ Ⓒ Ⓓ

2.
Steven's first year as a freelance editor was full of hardships, each of them stressful and --------.
(A) complicate
(B) complicates
(C) complicated
(D) complication

Ⓐ Ⓑ Ⓒ Ⓓ

3.
Once Mr. Teller retires, the newly available CEO position will go to either Ms. Tesla -------- a candidate from outside the company.
(A) or
(B) and
(C) nor
(D) both

Ⓐ Ⓑ Ⓒ Ⓓ

4.
-------- the merger negotiations have finally completed, both companies are focusing full-time on integrating their customer database.
(A) In order for
(B) Following
(C) Now that
(D) So that

Ⓐ Ⓑ Ⓒ Ⓓ

5.
-------- he had been to the client's office dozens of times, James still had trouble finding it.
(A) Although
(B) Moreover
(C) Despite
(D) During

6.
The government has approved the construction of a new hydroelectric power plant, -------- is expected to be completed in the next eight years.
(A) who
(B) what
(C) where
(D) which

7.
Most people would agree that the XDF-2000 was an excellent PC, -------- few people were willing to pay so much money for it.
(A) or
(B) but
(C) not
(D) how

8.
The section chief is too busy to deal with minor problems, so please do not disturb him -------- it's absolutely necessary.
(A) also
(B) except
(C) therefore
(D) unless

9.
It is always important to dress professionally -------- going to a job interview.
(A) when
(B) whether
(C) why
(D) what

10.
-------- the business plan seemed to be perfect, the startup company was never able to become profitable.
(A) While
(B) That
(C) So
(D) Even

11.
Ms. Cates found that working as an international consultant was -------- challenging and rewarding.
(A) too
(B) both
(C) also
(D) with

12.
Though far from --------, Dr. Sedson's research is already changing the way marketers think about sales cycles.
(A) complete
(B) completely
(C) completed
(D) completes

解答解説

1.

-------- the scholarship recipients are decided, applicants will be informed via e-mail.

(A) Unless
(B) Then
(C) Later
(D) Once

解説 選択肢は接続詞と副詞。英文を見ると、いきなり冒頭が空欄でその後ろにカンマをはさんで節が2つ並んでいるので、従属接続詞が入るのではないかと見当がつきます。従属接続詞は (A) Unless（〜しない限りは）と (D) Once（〜するとすぐに）の2つ。前半の節は「奨学金の受給者が決まる」、後半の節は「応募者はメールで通知される」という意味なので、文脈的にふさわしいのは (D) Once です。

訳 奨学金の受給者が決まり次第、応募者にはメールで通知されます。

正解 (D)【☞ 6-❶】

2.

Steven's first year as a freelance editor was full of hardships, each of them stressful and --------.

(A) complicate
(B) complicates
(C) complicated
(D) complication

解説 選択肢には動詞 complicate（〜を複雑にする）の変化形、派生形が並んでいます。英文のカンマまでは「Steven のフリー編集者としての最初の1年は困難に満ちていた」という意味。このカンマは同格を表し、以降の語句は直前の hardships（困難）を説明しています。them が hardships を受け、each of them で「それらの困難はどれも」という意味です。そのあとには stressful and -------- と続いており、選択肢の中から stressful（形容詞）と等価値なものを探すと、(C) complicated（複雑な）が形容詞なので適切です。

訳 Steven のフリー編集者としての最初の1年は困難に満ちていた。それらの困難はどれも、ストレスのかかる複雑なものだった。

正解 (C)【☞ 6-❶】

3.
Once Mr. Teller retires, the newly available CEO position will go to either Ms. Tesla -------- a candidate from outside the company.

(A) or
(B) and
(C) nor
(D) both

解説 選択肢は接続詞。norやbothを見たら、相関接続詞の問題かもしれないと考えましょう。英文は従属接続詞Onceで始まる文で、従属節は「Tellerさんが退任すると」という意味。主節の主語はthe newly available CEO position（新たに空席になるCEOのポジション）で動詞はwill goです。すぐ後ろにあるeitherに注目。相関接続詞either A or B（AかBのどちらか）を覚えていれば瞬時に解ける問題です。正解は(A)。

訳 Tellerさんが退任すると、新たに空席になるCEOのポジションにはTesla さんか社外からの候補者のどちらかが就くことになる。

正解 (A) 【☞ 6-❷】

4.
-------- the merger negotiations have finally completed, both companies are focusing full-time on integrating their customer database.

(A) In order for
(B) Following
(C) Now that
(D) So that

解説 選択肢には（群）前置詞や接続詞句らしきものが並んでいます。このような問題では、後ろに来るのが名詞（句）なのか、節なのかを見分けることが重要です。英文を見ると、冒頭に空欄があり、カンマをはさんで節が2つ並んでいます。つまり従属接続詞として働くものが正解になります。前半のthe merger negotiations have finally completedは「合併交渉がついにまとまった」、後半のboth companies are focusing full-time on integrating their customer databaseは「両社は顧客データベースの統合に専念している」という意味。文脈的にふさわしいのは(C) Now that（～したので）です。

訳 合併交渉がついにまとまったので、両社は顧客データベースの統合に専念している。

正解 (C) 【☞ 6-❶】

5.
-------- he had been to the client's office dozens of times, James still had trouble finding it.

(A) Although

(B) Moreover

(C) Despite

(D) During

解説 選択肢には従属接続詞、接続副詞、前置詞が並んでいます。前の問題と同様、空欄の直後に来ているものに注意しましょう。カンマをはさんで２つの節が並んでいますね。この時点で、正解は従属接続詞の (A) Althoughだとわかります。念のため文意を確認すると、前半のhe had been to the client's office dozens of timesは「彼はそのクライアントのオフィスに何度も行ったことがある」、後半のJames still had trouble finding itは「それでもJamesはそこを見つけるのに苦労した」。逆接の接続詞althoughで正しくつながります。

訳 Jamesはそのクライアントのオフィスに何度も行ったことがあるが、それでも彼はそこを見つけるのに苦労した。

正解 (A) 【☞ 6-❶】

6.
The government has approved the construction of a new hydroelectric power plant, -------- is expected to be completed in the next eight years.

(A) who

(B) what

(C) where

(D) which

解説 選択肢には関係詞が並んでいます。また、空欄の前にはカンマがあるので、非制限用法の関係代名詞の問題ですね。関係詞の問題ではまず、それが節の中でどんな働きをしているかに注目します。カンマまではThe government has approved the construction of a new hydroelectric power plant「政府は新たな水力発電所の建設を承認した」。空欄があって、is expected to be completed in the next eight years（今後８年間で完成する予定だ）と続いています。is expectedの前にあるのですから、空欄は主語として働いています。また先行詞は水力発電所、つまり物なので、正解は (D) whichです。

訳 政府は新たな水力発電所の建設を承認した。その発電所は今後８年間で完成する予定だ。

正解 (D) 【☞ 6-❸】

7.
Most people would agree that the XDF-2000 was an excellent PC, -------- few people were willing to pay so much money for it.

(A) or　　　　　(B) but
(C) not　　　　 (D) how

解説　選択肢には接続詞や副詞（not）、疑問詞が並んでいます。複数の品詞が並んでいる場合は特に、後ろに来る語句の働きに注意します。空欄のあとは few people were willing to pay so much money for it（それにそんな高額を支払おうという人はほとんどいなかった）で、完結した節になっています。英文の前半 Most people would agree that the XDF-2000 was an excellent PC は「たいていの人は XDF-2000 がすぐれた PC であることに同意するだろう」という意味。「すぐれた PC である」「支払おうという人はいなかった」と相反する内容なので、逆接の接続詞 (B) but を入れるのが適切です。

訳　たいていの人は XDF-2000 がすぐれた PC であることに同意するだろうが、それにそんな高額を支払おうという人はほとんどいなかった。

正解　(B)【☞ 6-❶】

8.
The section chief is too busy to deal with minor problems, so please do not disturb him -------- it's absolutely necessary.

(A) also　　　　(B) except
(C) therefore　 (D) unless

解説　選択肢を見ると副詞や接続詞、前置詞が並んでいるので、空欄の後ろに注目です。it's absolutely necessary（それは絶対に必要だ）と完結した節になっていますね。文を頭から見ていくと、The section chief is too busy to deal with minor problems（課長はささいな問題を処理するには忙し過ぎる）とあり、カンマのあと、so please do not disturb him（だから、彼の邪魔をしないでください）と続いています。先に見た空欄のあとの節に意味的につながるのは (D) unless（～しない限り）です。

訳　課長にはささいな問題を処理している暇はないので、どうしても必要なことでない限り、邪魔をしないでください。

正解　(D)【☞ 6-❶】

9.
It is always important to dress professionally -------- going to a job interview.

(A) when
(B) whether
(C) why
(D) what

解説 選択肢にはwh-で始まる語が並んでいます。関係詞の可能性を考えながら英文を見てみると、空欄の前はIt is always important to dress professionally（常に仕事にふさわしい服装をすることは大切だ）と完結した節になっており、後ろはgoing to a job interviewと動詞のing形で始まっています。動詞のing形には動名詞と現在分詞の2つの使いかたがありますが（Chapter 1、3を参照）、選択肢に前置詞はなく、このgoingを動名詞と考えることはできません。空欄のあとには主語も動詞もありませんが、接続詞のあとの〈主語＋be動詞〉が省略された形と考え、when (you are) going to a job interview（就職の面接に行くとき）とすれば文が成り立ちます。正解は(A)。

訳 就職の面接に行くときは、常に仕事にふさわしい服装をすることが大切だ。

正解 (A)【☞ 6-❶】

10.
-------- the business plan seemed to be perfect, the startup company was never able to become profitable.

(A) While
(B) That
(C) So
(D) Even

解説 選択肢には接続詞と副詞が並んでいるので、後ろに来る節が1つか2つかといったことに注意しながら英文を読むと、後ろにはカンマをはさんで2つの節が並んでいます。したがって、この時点で従属接続詞の(A)が正解ではないかと見当がつきます。2つの節はそれぞれthe business plan seemed to be perfect「ビジネスプランは完ぺきなものに思われた」、the startup company was never able to become profitable「その新興企業は利益を出すことができなかった」という意味。「～ではあるが」と対比を表す(A) whileを入れると文意がうまくつながります。

訳 ビジネスプランは完ぺきなものに思われたが、その新興企業は利益を出すことができなかった。

正解 (A)【☞ 6-❶】

11.

Ms. Cates found that working as an international consultant was -------- challenging and rewarding.

(A) too
(B) both
(C) also
(D) with

解説 選択肢は「～も」、「ともに」などの意味を表す副詞、前置詞。英文を見ると、Ms. Cates が主語、found（～であるとわかった）が動詞で、その後ろにfoundの目的語となる that節が続く構造です。that節の中の構造を見ると、working as an international consultant（国際コンサルタントとして働くこと）が主語。動詞がwasです。その後ろは -------- challenging and rewardingとなっていますが、challenging（困難だがやりがいのある）もrewarding（価値のある）も形容詞で、andで結ばれています。空欄に(B) bothを入れて、both A and B（AもBも両方とも）の形にすると、適切です。

訳 Catesさんにとって、国際コンサルタントとして働くことは困難だがやりがいのあることだった。

正解 (B)【☞ 6-❷】

12.

Though far from --------, Dr. Sedson's research is already changing the way marketers think about sales cycles.

(A) complete
(B) completely
(C) completed
(D) completes

解説 選択肢はcomplete（完全な、～を完成させる）の変化形、派生形。英文を見ると、接続詞のThoughのあと群前置詞far fromがあり、空欄が続いています。そしてカンマのあとはDr. Sedson's research is already changing the way marketers think about sales cycles（Sedson博士の研究はすでにマーケティング担当者たちの販売サイクルに対する考えかたに変化を与えている）という節になっています。さて、カンマの前ですが、接続詞Thoughの後ろなのに節がありません。これは〈主語＋be動詞〉の省略された形で、空欄に形容詞の(A) completeを入れ、Though (it is) far from complete とすると「完全であるには程遠いが」という意味になります。前置詞fromのあとに形容詞が来ていますが、これは形容詞の前に動名詞beingの省略された形です。

訳 完全には程遠いが、Sedson博士の研究はすでにマーケティング担当者たちの販売サイクルに対する考えかたに変化を与えている。

正解 (A)【☞ 6-❶】

Chapter 7
語彙問題で狙われる語句

Chapter 7　語彙問題で狙われる語句

よく出る度 3 ★★★

わーい、これでTOEICに出題される文法単元は一とおりマスターですね？　文法問題が自信をもって解けます！

Yuki、よく頑張ったね！　このChapterでは文法問題と同じくらい大切な語彙問題を解くための力をつけよう。

　　　　　分類の仕方にもよりますが、TOEICテストの語彙・文法問題の半分近い問題が、語彙力を問う問題です。またこれまで見てきたように、文法問題でも前後の文脈から判断して前置詞や接続詞を選ぶような問題もあり、TOEICの攻略に語彙力は欠かすことができません。何よりも、語彙力は英語を聞き、話し、読み、書くときに欠かすことのできない、基本的な力です。

　例えば、次の例題を見てください。

例題　We -------- a table for lunch at a new French restaurant.
　　(A) substituted
　　(B) connected
　　(C) reserved
　　(D) appointed

ⒶⒷⒸⒹ

　選択肢には動詞の過去形が並んでいます。一方、英文を見ると、かなりやさしい単語で構成されています。この問題は選択肢のsubstitute（〜を置き換える）、connect（〜を結びつける）、reserve（〜を予約する）、appoint（〜を指名する）という動詞の意味さえわかれば解ける問題ですね。文法の知識がいくらあっても、語彙力がなければ解けない問題です。正解は(C)、文の意味は「私たちは新しいフランス料理店にランチの予約を入れた」です。

一方、次のような問題もあります。

例題 The museum is temporarily -------- for maintenance and will reopen next month.
(A) built
(B) visited
(C) used
(D) closed

　　　　　　　　　　　　　　　　　　　　　　　Ⓐ Ⓑ Ⓒ Ⓓ

　選択肢を見るとやさしい動詞が並んでいますね。中学生でも知っているような単語ばかりです。でも、中学生がこの問題を解くのはそう簡単ではないかもしれません。なぜなら、この問題はtemporarily（一時的に）、maintenance（保守）、reopen（再開する）などの単語を知らないと、どの選択肢を選べばいいのか判断が難しいからです。これらの単語さえ知っていれば、closed（閉鎖された）を選ぶのは簡単ですね。文の意味は「その博物館はメンテナンスのために一時的に休館しており、来月、再開館する予定だ」です。この問題も文法力だけではどうにもなりません。語彙力が必要なのです。

　このChapterでは、データベースをもとにTOEICの語彙問題で狙われる語彙を200項目選び、意味、注意点と覚えるべき例文（プラチナセンテンス）をつけました。例文ごと覚えてしまえば、リスニングや読解問題を解くときにも間違いなく役に立ちます。頑張って覚えてくださいね。

　　　TOEICの全パートで出題される語彙の勉強をするなら、5000を超える語句を収録した姉妹編『イラスト＆ストーリーで忘れない　TOEICテストボキャブラリー　プラチナ5000』がお薦めです。

however	副 ①どんなに〜でも(≒no matter how) ②しかしながら(≒nevertheless) ☞ 長文では「しかしながら」の意味で選ばせる問題が頻出です。
due to	熟 〜のために、〜が原因で (≒because of、owing to、on account of)
choose	動 ①〜を選ぶ　②(…から)選ぶ
in order to do	熟 〜するために(≒so as to do)
increase	名 増加(⇔decrease) 動 ①増える、増加する(⇔decrease) ②〜を増やす(⇔decrease) 副 increasingly(ますます)
limited	形 限られた、乏しい(⇔unlimited)
temporarily	副 一時的に、仮に 形 temporary(一時的な)

プラチナセンテンス

MP3 ▶ 26

183 You should try to avoid any risk, however small, in advance.
リスクはどんなに小さなものでも事前に避けることを試みるべきだ。

184 The flight to London has been delayed due to bad weather.
ロンドン行きの便は悪天候のために遅れている。

185 We chose a red wine to accompany our meal.
私たちは食事に合う赤ワインを選んだ。

186 In order to meet the deadline, they will have to work many hours of overtime.
締め切りに間に合わせるためには、彼らはかなり残業しなければならないだろう。

187 The country has seen a significant increase in European tourists.
その国はヨーロッパからの観光客が激増している。

188 Because our natural resources are limited, we need to conserve as much as possible.
天然資源には限りがあるので、できるだけ節約する必要がある。

189 The museum is temporarily closed for maintenance and will reopen next month.
その博物館はメンテナンスのために一時的に休館しており、来月、再開館する予定だ。

otherwise	副 ①それ以外の仕方で ②さもなければ
by oneself	熟 ひとりで、自力で、独力で
provide	動 〜を供給する、提供する 名 provision(供給、食糧)　関 provider(プロバイダー)
invite	動 〜を招待する 名 invitation(招待状、招待)
available	形 ①入手できる、利用できる(⇔unavailable) 　②〈人が〉手が空いている(≒free) 名 availability(利用できること)
present	動 ①〜を提示する　②〜を(…に)贈呈する　③〜を(…に)提案する、口頭発表する 名 presentation(プレゼンテーション、発表)
issue	動 〜を出す、発行する 名 ①発行　②問題

プラチナセンテンス

MP3 ▶ 27

190 All seminars are held in Japanese unless otherwise stated.
特に指定のない限り、セミナーはすべて日本語で行われます。

191 The new staff member managed to complete her assignment by herself.
新しいスタッフは、割り当てられた仕事をなんとか独力でやり遂げた。

192 Our school provides English courses for students preparing to study overseas.
本校では、留学の準備をしている学生のための英語コースを提供しています。

193 Only successful candidates were invited to the final interview.
合格した候補者だけが最終面接に呼ばれた。

194 Between the two terminals, a free shuttle bus is available every 15 minutes.
2つのターミナルの間は、15分おきの無料のシャトルバスを利用できる。

195 All employees must present their identification cards when entering the building.
その建物に入るには全員が社員証を提示する必要がある。

196 The government has issued a statement on the new policy.
政府は新しい政策に関する声明を発表した。

concern	名 心配、懸念(≒anxiety) 動 〜を気にかける、心配する
demand	名 ①需要(⇔supply)　②要求 動 〜を要求する ☞ demand for 〜(〜の需要)の形で出題されています。
nearly	副 ほとんど、危うく(≒almost)
no later than	熟 遅くとも〜までに ☞ no later than ≒ byと覚えておきましょう。
finally	副 ①ついに、やっと　②最後に
renew	動 ①〜を更新する、〈本など〉の貸し出し期限を延長する 　②〜を新しくする 名 renewal(更新)
priority	名 ①優先事項　②優先(権)

プラチナセンテンス

MP3 ▶ 28

197 Some experts have raised concerns about the stadium construction project.
専門家からはスタジアム建設計画に関して疑問視する声も上がっている。

198 There is an increased demand for renewable sources of energy.
再生可能なエネルギー源の需要が増加しつつある。

199 The event raised nearly $2,500 for the local charity.
そのイベントで、地元の慈善団体のためにほぼ2,500ドルが集まった。

200 Please complete and return the form to arrive no later than July 31.
用紙にご記入のうえ、7月31日までに届くようにご返送ください。

201 The two banks have finally agreed to a merger after years of negotiations.
その2行の銀行は、長年にわたる交渉の末にようやく合併の合意に達した。

202 He decided to renew his subscription to the magazine for another year.
彼はその雑誌の購読をあと1年更新することにした。

203 The supermarket places a high priority on customer satisfaction.
そのスーパーは顧客満足を最優先事項と考えている。

as well as	熟	～だけでなく、～はもちろん
accessible	形	接近できる、出入りできる
	名	access（接近（方法））
examine	動	①～を検討する、考察する ②～を調査する、検査する（≒investigate）
	名	examination（診察、検査、試験）
look forward to doing	熟	～を楽しみに待つ
promptly	副	①敏速に、即座に　②きっかり、正確に
steadily	副	着実に、絶えず
from A to B	熟	AからBまで

プラチナセンテンス MP3 ▶ 29

204 They improve their existing products as well as release new products each year.
彼らは毎年、新製品を発表するだけでなく、既存の製品の改良も行っている。

205 This area is not accessible during the winter months due to snow.
この地域は冬の間、雪のために立入りができなくなる。

206 This topic is examined more closely in the next chapter.
このトピックについては次章でより詳細に考察しています。

207 We look forward to hearing from you soon.
お返事をお待ちしております。

208 Make sure you respond promptly to every e-mail message.
メールには迅速に返信するようにしてください。

209 Fuel prices are expected to rise steadily over the next few years.
今後数年にわたって燃料価格は着実に上昇すると予想されている。

210 The department store is open every day from 10:30 A.M. to 8:00 P.M.
そのデパートは毎日、午前10時半から午後8時まで営業している。

service	動 〜を点検する、修理する 名 ①サービス、業務　②点検、修理
follow	動 ①〈指示・規則など〉に従う　②〜に続く、〜の次に起こる 　　③〜の後について行く ☞〈A follows B〉(AはBに続く)＝〈B is followed by A〉 ＊Bが先、Aがあとです。
receive	動 〜を受け取る(⇔send) 名 reception(受け入れ)　形 receptive(受け入れる) 関 receiver(受け取る人)
only	副 ただ〜だけ
include	動 〜を含む(≒contain)(⇔exclude) 名 inclusion(包含)　形 inclusive(すべてを含んだ、包括的な)
position	名 ①職　②地位、身分 動 〜を置く、〜の位置を定める
design	動 ①〜をデザインする、設計する　②〜をするよう計画する 名 デザイン、設計 関 designer(デザイナー)

プラチナセンテンス

MP3 ▶ 30

211 The east entrance elevators are now being serviced.
東口のエレベーターは今、点検作業中だ。

212 Please follow the instructions below to install the software on your computer.
次の指示に従って、コンピュータにソフトウエアをインストールしてください。

213 All registrations for workshops must be received by September 15.
ワークショップの登録はすべて、9月15日までに受け付けられる必要があります。

214 Only those with valid library cards may check out books.
有効な図書館カードをお持ちの方だけが本を借りることができます。

215 The cost of materials is included in the course fee.
教材の代金はコース料金に含まれている。

216 He applied for the position of assistant manager.
彼はアシスタントマネージャーの職に応募した。

217 The team designs various office products to meet the needs of any business.
そのチームはあらゆるビジネスのニーズに対応する、さまざまなオフィス製品をデザインしている。

attend	動 ～に出席する 名 attendance（出席、出席数、出席者）　関 attendee（出席者）
in advance	熟 事前に、前もって（≒beforehand）
complete	形 完成した、完了した（⇔incomplete） 動 ～を仕上げる、完成させる 名 completion（完成、完了）　副 completely（完全に）
require	動 ①～を必要とする　②～を要求する 名 requirement（必要なもの、必要条件） 形 required（必須の、不可欠の）
additional	形 追加の、付加的な
submit	動 ～を提出する、提示する 名 submission（提出、提案）
regard	動 ～を評価する、尊敬する

プラチナセンテンス

MP3 ▶ 31

218 All staff are required to attend the sales meeting next week.
すべてのスタッフが来週の営業会議に出席する必要があります。

219 The tuition fees must be paid at least 14 days in advance.
授業料は14日前までにお支払いいただく必要があります。

220 When the download is complete, installation may start automatically.
ダウンロードが完了したら、インストールが自動的に開始されます。

221 She filled out all the documents required for her scholarship application.
彼女は奨学金の申請に必要なすべての書類を記入した。

222 The marketing department plans to hire additional part-time staff.
マーケティング部は追加の非常勤スタッフを雇う予定だ。

223 You can submit your application electronically or by post.
申請書はメールまたは郵便で提出できます。

224 He is one of the most highly regarded photographers of the twentieth century.
彼は最も高く評価されている20世紀の写真家の一人だ。

inform

動 ～に知らせる
☞ 〈inform A of[about] B〉(AにBを知らせる)の形で覚えておきましょう。

survey

名 (綿密な)調査
動 ～を(綿密に)調査する
☞ 名詞のsurvey/studyは可算名詞、researchは不可算名詞なので注意しましょう。

benefit

動 ①利益を得る、得をする　②～のためになる
名 ①給付金、手当　②利益
☞ benefit from(～から恩恵を受ける)は必須表現です。
形 beneficial(有益な)

confirm

動 ①～を確認する、固める　②～を(正式に)承認する
名 confirmation(確認)

access

名 ①接近(方法)　②(コンピュータへの)アクセス
動 ～にアクセスする
形 accessible(接近できる)　副 accessibly(近づきやすく)

on behalf of

熟 ①～の代わりに、代理として(≒in place of)　②～を代表して

join

動 ～に加わる、参加する

プラチナセンテンス

225 The school's monthly newsletter keeps parents well informed about school events.
その学校では、毎月のお知らせにより、生徒の親に学校行事について知らせている。

226 We conducted a survey on how many hours people watch TV on a weekday.
私たちは、平日のテレビの視聴時間について調査を行った。

227 Today, we benefit greatly from the use of the Internet.
今日、私たちはインターネットの利用による恩恵を大いに受けている。

228 The results of the experiment confirmed their hypothesis.
その実験の結果が彼らの仮説を裏づけた。

229 Public transportation provides easy access to the city center.
公共交通機関によって、市内まで簡単に行くことができる。

230 He delivered a speech on behalf of the president.
彼は社長に代わってスピーチをした。

231 She joined our company as head of human resources last month.
彼女は先月、人事部長として入社した。

reserve	動 ①〈席など〉を予約する、取っておく 　　②〈権利など〉を保有する、留保する
obtain	動 ～を得る、手に入れる
distribute	動 ～を配布する、割り当てる ☞ アクセント注意 [dɪstríbjuːt] 名 distribution（配布、流通）　〈distribute A to B〉(AをBに配る)
assistance	名 協力、援助（≒help） ☞ 不可算名詞。　動 assist（～を助ける）　関 assistant（助手、アシスタント）
on one's own	熟 ①ひとりで、単独で　②自分で、独力で
regulation	名 規定、規則 動 regulate（～を規制する）　形 regulatory（規制する） 関 regulator（規制者）
notify	動 〈人〉に通知する、知らせる ☞ 受動態は〈人＋be notified that/of〉の形となります。

プラチナセンテンス

232 We reserved a table for lunch at a new French restaurant.
私たちは新しいフランス料理店にランチの予約を入れた。

233 If you wish to use copyrighted material, you must obtain permission from the owner.
著作権のある資料を使うには、著作権者から許可を得なければならない。

234 The company's annual report is distributed to all shareholders.
その会社の年次報告書は全株主に配布される。

235 Those centers are intended to provide assistance to job seekers.
それらのセンターは求職者を支援することを目的としている。

236 She will soon travel to Kuala Lumpur for business on her own.
彼女はまもなく出張でクアラルンプールにひとりで行く予定だ。

237 Be sure to follow all safety regulations to avoid accidents.
事故防止のためにすべての安全規定に従ってください。

238 Selected candidates will be notified in writing by October 15.
合格者には10月15日までに書面にて通知されます。

prior	形 前の、事前の
comment	動 コメントする、論評する 名 コメント、論評 関 commentator（コメンテーター）　関 commentary（論評、実況解説）
intend	動 ～を意図する、～するつもりである 名 intent（意思、決意）　名 intention（意図、意向）
responsibility	名 責任、責務 形 responsible（責任がある）
postpone	動 ～を延期する（≒put off、delay） 名 postponement（延期）
frequent	形 ①たびたびの、頻繁な　②常習的な、いつもの 副 frequently（しばしば）　名 frequency（頻度）
in addition	熟 そのうえ、さらに加えて 関 in addition to（～に加えて）

プラチナセンテンス

MP3 ▶ 34

239 Any expenses in excess of $300 must receive prior approval.
300ドルを超える経費については事前に承認を得る必要があります。

240 The politician refused to comment on reports of his resignation.
その政治家は、辞任報道についてコメントするのを拒否した。

241 This book is intended for learners of English at an intermediate level.
この本は中級レベルの英語学習者を対象としている。

242 As a project manager, it is his responsibility to coordinate the team.
プロジェクトマネージャーとして、チームをまとめるのは彼の責任だ。

243 He has decided to postpone the staff meeting until next week.
彼はスタッフミーティングを来週に延期することにした。

244 There is a frequent bus service from London to Oxford.
ロンドンからオックスフォードまではバスが頻繁に運行されている。

245 He is a good programmer. In addition, he has some experience as a technical writer.
彼はすぐれたプログラマーだ。そのうえ、テクニカルライターとしての経験もある。

practice	名 ①慣例、やり方（≒custom、habit） 　　②実務、（医師・弁護士などの）業務 動 ①〜を実行する、実践する　②〜を練習する 形 practical（実用的な）　副 practically（実際的に、ほとんど）
contribution	名 ①貢献　②寄付 動 contribute（貢献する、寄付する）　名 contributor（貢献する人）
appropriate	形 適切な、ふさわしい（⇔inappropriate） 副 appropriately（適切に）
be subject to	熟 ①〜に従うべきである、〜を免れない 　　②〜を受けやすい、〜に左右される 　　③〈承認など〉を必要とする
previously	副 以前に、前もって 形 previous（以前の、前の）
prevent	動 〜を防ぐ、抑える 形 preventive（予防の）　名 prevention（回避） 形 preventable（避けられる）
valid	形 ①有効な（⇔invalid）　②妥当な 名 validity（有効性）

プラチナセンテンス

MP3 ▶ 35

246 Cleaning up our desks every day before we leave the office is a good practice.
毎日、退社する前に机の上を片づけるのはよい慣例だ。

247 We really appreciate her contributions to this research project.
私たちは、この研究プロジェクトに対する彼女の貢献にとても感謝しています。

248 We should take appropriate measures to keep personal data secure.
私たちは個人データを保護するために適切な措置を講じなければならない。

249 Oversized items may be subject to additional shipping fees.
特に大きな品物の場合、追加の配送料がかかることがあります。

250 She has previously worked for a local authority as a social worker.
彼女は以前に地方自治体でソーシャルワーカーとして働いていたことがある。

251 Washing your hands properly helps to prevent the spread of infection.
適切な手洗いは感染の拡大を防ぐのに役立つ。

252 This sightseeing pass is valid for six days from the date of first use.
この観光パスは、最初の使用日から6日間有効だ。

extremely
副 極端に、非常に
形 extreme(極端な)

capacity
名 ①収容力、容量、生産能力　②能力(≒ability)
☞ capacityは「(潜在的な)能力」という意味、abilityは能力一般を指します。

outstanding
形 ①傑出した、目立った(≒distinguished)　②未払いの、残高の

contrary to
熟 〜に反して

eligible
形 資格のある、適格の(⇔ineligible)
名 eligibility(資格、適格性)

regularly
副 ①定期的に　②頻繁に
形 regular(定期的な)　動 regularize(〜を規則正しくする)

productivity
名 生産性
形 productive(実りの多い、生産的な)

プラチナセンテンス

MP3 ▶ 36

253 She is an experienced gardener and extremely knowledgeable about plants.
彼女は経験豊かな園芸家で、植物に関する知識がとても豊富だ。

254 The arena has a seating capacity of about 50,000.
その競技場は約5万人を収容できる。

255 We are looking for a person with outstanding leadership qualities.
私たちは卓越した指導力を持った人を探しています。

256 Contrary to economists' predictions, the country has been growing rapidly.
経済学者の予測に反して、その国は急速に成長している。

257 All staff are eligible to participate in the training program.
すべてのスタッフがその研修プログラムに参加する資格がある。

258 The members meet regularly to discuss any problems they may have.
メンバーは定期的に会って、生じている問題があれば話し合いを行う。

259 This system helps improve workforce efficiency and productivity.
このシステムは、職場の効率性と生産性の向上に役立つ。

decline to do	熟 ～を(丁重に)断る、拒否する
prove	動 ①[prove to beで]～だとわかる(≒turn out to be) ②～を証明する、はっきり示す 名 proof(証明、証拠)
retain	動 ～を保持する、保有する
unavailable	形 ①利用できない、入手できない(⇔available) ②会うことができない(⇔available)
significantly	副 著しく、大いに
careful	形 注意深い、慎重な
each other	熟 お互い(に)

プラチナセンテンス

260 The company's spokesman declined to comment on the suit.
その会社の広報担当者は訴訟に関するコメントを控えた。

261 That approach has proved to be highly effective for the treatment of cancer.
その方法はがんの治療に非常に効果的であることがわかった。

262 It is important to build and retain customer loyalty.
顧客ロイヤルティを築き、維持することが重要だ。

263 If the ordered items are unavailable, you will be notified as soon as possible.
ご注文の品物が欠品している場合は、早急にご連絡いたします。

264 The price of oil has risen significantly over the last decade.
石油の価格はこの10年間で著しく上昇している。

265 You should be careful when providing your personal information online.
オンラインで個人情報を提供するときは注意が必要だ。

266 The two actors have known each other since they were children.
その2人の俳優は子どものころからの知り合いだ。

currently	副 現在(のところ) 形 current(現在の、最新の)
relatively	副 比較的に 形 relative(比較の、比較的な)
analyze	動 〜を分析する、検討する 名 analysis(分析)　形 analytical(分析の)　名 analyst(分析家)
generate	動 〜を生み出す、発生させる(≒produce) 名 generation(世代)
be expected to do	熟 ①〜と予想されている、〜の見込みだ ②〜を期待されている、求められている
accordingly	副 それに応じて、それに合わせて
enclosed	形 ①囲まれた、閉ざされた　②同封された

プラチナセンテンス

MP3 ▶ 38

267 Due to technical problems, we are currently not accepting online applications.
技術的な問題のため、現在、オンラインによる申し込みは受け付けておりません。

268 That area's property prices are relatively low compared to its neighbors.
その地域の不動産価格は周辺地域と比べて比較的低い。

269 We need to effectively analyze the survey data we've collected.
収集した調査データを効果的に分析しなければならない。

270 The campaign has generated great publicity for the brand and increased its sales.
そのキャンペーンはブランドにとって大きな宣伝となり、売上を押し上げた。

271 The repair work is expected to continue until next week.
その補修工事は来週まで続く見込みだ。

272 He missed his train and had to change his schedule accordingly.
彼は電車に乗り遅れたので、それに応じて予定を変更しなければならなかった。

273 The hotel has a large enclosed parking area for its guests.
そのホテルには利用客用に、囲いのある大きな駐車スペースがある。

commonly	副 一般に、通例
meanwhile	副 その間に、さしあたって
probable	形 ありそうな、可能性が高い
ordinary	形 ①普通の、通常の(≒usual) ②平凡な(⇔extraordinary) 副 ordinarily(普通は)
blend	名 混合(物)
receptive	形 受け入れる、受容力がある
equipment	名 装置、備品

プラチナセンテンス

274 The clock tower of the Houses of Parliament is commonly known as Big Ben.
英国国会議事堂の時計塔は一般にビッグベンとして知られている。

275 I'll let him know you're here. Meanwhile, please take a seat over there.
あなたがいらっしゃったことを彼に伝えます。その間、そちらにおかけになっていてください。

276 It is highly probable that the local economy will improve.
地方経済が改善する可能性はきわめて高い。

277 This toughened glass is three times stronger than ordinary glass of the same thickness.
この強化ガラスは、同じ厚さの普通のガラスの3倍の強度がある。

278 This wine is made from a blend of different grapes.
このワインは異なるブドウを混合して作られている。

279 She is very flexible, open-minded and receptive to new ideas.
彼女はとても柔軟で心が広く、新しい考えを受け入れる力がある。

280 Ensure all equipment is functioning properly and report any faults immediately.
すべての機器が適切に機能していることを確認し、問題があればすぐに報告してください。

reputation	名 ①評判、うわさ　②名声 形 reputable（評判のよい）
helpful in doing	熟 〜するのに役立つ ☞ 動詞句のhelp in doingも出題されます。
take advantage of	熟 〈機会など〉を利用する
customer	名 （店・レストランなどの）客、顧客
offer	動 ①〜を提供する　②〜を提案する 名 提案、申し出 ☞〈offer＋人＋物〉〈offer＋物＋to＋人〉（人に物を提供する）どちらの形も覚えておきましょう。
purchase	動 〜を購入する 名 購入、購入物 ☞ 発音注意 [pə́ːrtʃəs]　名 purchasing（企業の資材購入）
meet	動 ①〈要求など〉を満たす、〜に応じる　②（〜に）会う

プラチナセンテンス

281 The orchestra has a reputation for its innovative programming and quality performances.
そのオーケストラは革新的なプログラム構成と上質な演奏で評判だ。

282 He found the book very helpful in developing his writing skills in English.
彼はその本が英語のライティングスキルの向上にとても役立つと思った。

283 To take advantage of this free service, please fill in the registration form.
この無料サービスをご利用いただくには、登録用紙にご記入ください。

284 Thank you for being our valued customer and we hope you are happy with our service.
ご愛顧いただきありがとうございます。当社のサービスにご満足いただけていれば幸いです。

285 The tower is located on the coast and offers splendid views.
その塔は海岸沿いにあり、素晴らしい眺めを楽しむことができる。

286 Tickets can be purchased online or in person at the box office.
チケットはオンラインまたはチケット売り場で直接ご購入いただけます。

287 These products are manufactured to meet all technical specifications.
これらの製品はすべての技術仕様を満たすように製造されています。

cost	動 〈金額・費用〉がかかる 名 費用、経費、原価 形 costly（費用のかかる）　関 cost-effective（費用対効果の高い、割のいい）
right	名 権利 副 ちょうど 形 正しい
experience	動 ～を経験する 名 経験 形 experienced（経験豊かな）　関 inexperienced（経験の浅い）
repair	名 修理、修理作業 動 ～を修理する（≒mend、fix） 関 repairman（修理工）　関 troubleshooting（修理、問題解決）
return	動 ①戻る、帰る　②～を返却する、返す、戻す 名 返却、戻ること
announce	動 ①～を発表する、公表する　②～をアナウンスする 名 announcement（発表）
instead of	熟 ～の代わりに、～しないで

プラチナセンテンス

288 Taking a taxi to the theater costs four times as much as using the bus.
その劇場までタクシーで行くと、バスの4倍の金額がかかる。

289 We reserve the right to change our prices without prior notice.
当社は事前の通知なしに価格を変更する権利を有しています。

290 The survey shows that many travelers have experienced long flight delays.
その調査によると、多くの旅行者が長時間のフライトの遅延を経験したことがある。

291 The bridge will be closed all day tomorrow for repairs.
その橋は、明日は補修工事のために終日閉鎖される予定だ。

292 Upon returning, he went through the house and turned on all the lights.
帰宅するとすぐに、彼は家中の電気をつけて回った。

293 We are pleased to announce that we will be opening a new branch office in Bangkok.
バンコクに新しい支社を開設することを発表いたします。

294 Instead of fixing the computer, she wants to buy a new one.
彼女はコンピュータを修理に出すのではなく、新しいものを買いたいと思っている。

facility	名 設備、施設
due	形 (支払い・提出)期限の来た
address	動 〜に取り組む、対処する 名 ①あいさつの言葉 　　②あて先、住所
payment	名 支払い、支払金 ☞「支払方法の選択」はpayment options。　動 pay(〜を支払う)
financial	形 財政の、財務の 名 finance(財政、金融)　副 financially(財政的に)
discount	名 割引 動 〜を割引する
review	動 ①〜を再検討する、見直す　②〜を批評する 名 批評 関 reviewer(批評する人)

プラチナセンテンス

MP3 ▶ 42

295 **The hotel has excellent facilities including a swimming pool and tennis courts.**
そのホテルにはプールやテニスコートなどの素晴らしい施設がある。

296 **You can check online when your library books are due back.**
図書館から借りている本の返却期限をオンラインで調べることができます。

297 **We must address consumers' concerns about food safety.**
食の安全に関する消費者の懸念に対処しなければならない。

298 **Please remember to enclose your payment by check.**
支払金の小切手をご同封ください。

299 **The company is required to improve its financial performance over the next six months.**
その会社は今後6か月間で財務実績を向上させる必要がある。

300 **They are offering a 30 percent discount on all kitchen appliances.**
その店はすべての台所用品を30パーセントの割引で提供している。

301 **The manager held a meeting with staff to review their team objectives.**
マネージャーはチームの目標を見直すためにスタッフとの会議を開いた。

advertisement	名 広告、宣伝(≒ad) 動 advertise(〜を宣伝する) 関 advertising(広報、宣伝(活動))
rate	名 ①料金、値段 ②割合 動 〜を評価する 関 rating(評価、視聴率)
policy	名 方針、政策
in the event of	熟 〜の場合には
management	名 ①管理、経営、取扱い ②経営陣 動 manage(〜を管理する、経営する)
appointment	名 ①(面会の)約束、(医者などの)予約 ②任命、指名 動 appoint(〜を指定する、任命する)
current	形 現在の、最新の(≒present) 副 currently(現在のところ)

プラチナセンテンス　MP3 ▶ 43

302 The automaker has launched a TV advertisement to promote its new line of automobiles.
その自動車メーカーは、新車種を宣伝するテレビ広告を開始した。

303 That hotel offers quality and comfortable accommodation at affordable rates.
そのホテルは高品質で居心地のいい部屋を手ごろな価格で提供している。

304 Our policy is to provide safe working conditions for our employees.
従業員に安全な職場環境を提供するのが当社の方針です。

305 In the event of inclement weather, the road may be closed.
悪天候の場合には、道路が通行止めになることがあります。

306 We have installed a new computer system for inventory management.
私たちは在庫管理のための新しいコンピュータシステムを導入した。

307 Please call us if you wish to cancel or reschedule your appointment.
ご予約の取り消しまたは変更を希望される場合にはお電話にてご連絡ください。

308 This training program is available to all current employees.
この研修プログラムは現従業員全員が受講できます。

forward

- 副 前に
- 動 〜を転送する
- ☞ 〈forward A to B〉(AをBに転送する)の形も覚えておきましょう。

feature

- 動 〜を特集する、呼び物にする、主演させる(≒profile)
- 名 ①特徴(≒characteristic) ②特集

result

- 名 結果(≒consequence)(⇔cause)
- 動 〜という結果になる
- ☞ result in(〜という結果になる)、result from(〜から生じる)の形でも頻出です。

display

- 名 展示、展示品
- 動 〜を展示する、陳列する
- ☞ 例 on display(展示[陳列]して)

up to

- 熟 ①〜まで ②〈人〉の責任で、〈人〉次第で
- ☞ 例 It's up to you.(それはあなた次第です)

consider

- 動 ①〜を考慮に入れる、考慮する ②〜を(…と)見なす、考える ③〜について熟慮する
- ☞ 〈consider A as B〉(AをBだと考える)、consider doing(〜することを考える)の形も覚えておきましょう。

opening

- 名 (地位・職などの)空き
- ☞ 例 job opening(空いているポスト、求人)

プラチナセンテンス

MP3 ▶ 44

309 The rear seats in that van can be folded forward to increase luggage space.
そのワゴン車の後部座席は、前に倒して荷物用スペースを増やすことができる。

310 The upcoming movie will feature two young actors.
その公開間近の映画では2人の若手俳優が主演を務めている。

311 This report summarizes the results of a survey conducted last year.
このレポートは昨年行われた調査の結果をまとめたものだ。

312 Visit our showroom to see the latest products on display.
当社のショールームにお越しになり、展示されている最新の製品をご覧ください。

313 Please note that refunds may take up to 21 days to be processed.
返金処理には最大で21日かかる場合があります。

314 If you would like to be considered for the position, please send us your résumé.
その職の候補者として考慮されることをご希望の場合は履歴書をお送りください。

315 The electronics maker has announced several job openings for engineers.
その電機メーカーは、技術者の求人をいくつか公開している。

introduce	動 ①〈新製品など〉を売り出す、発表する ②〜を紹介する ③〜を導入する 名 introduction (紹介、導入) 形 introductory (紹介の)
skill	名 技能、技術 形 skilled (熟練した) 形 skillful (熟練した)
recent	形 最近の、新しい
arrange	動 ①(〜を)手配する、準備する ②〜を(きちんと)並べる 例 arrange for (〜の手配をする) 名 arrangement (手配)
workshop	名 研修会、講習会 「作業場」という意味も覚えておきましょう。 関 seminar (セミナー)
replace	動 ①〜を取り換える ②〜に取って代わる 名 replacement (交換)
flight	名 航空便、フライト

プラチナセンテンス

MP3 ▶ 45

316 The computer company is introducing three new models this week.
そのコンピュータ会社は今週、3つの新モデルを発表する予定だ。

317 This position requires excellent verbal and written communication skills.
この職務には、会話と文書による優れたコミュニケーション能力が必要です。

318 Her most recent novel has received many positive reviews from critics.
彼女の最新作は批評家から多くの肯定的な論評を得た。

319 He has arranged a meeting with the financial advisor for Friday morning.
彼は金曜日の午前中に財務顧問と会う手配をした。

320 All faculty members are encouraged to attend next month's workshop.
教職員は全員、来月の研修会に出席するようにしてください。

321 The company is planning to replace its existing telephone system.
その会社は既存の電話システムの取り換えを計画している。

322 They looked exhausted after the long flight to Brazil.
彼らはブラジルへの長時間のフライトで疲れ切っているように見えた。

take place	熟 行われる、開催される(≒be held)
deliver	動 ①〜を配達する、届ける　②〈演説など〉をする 名 delivery(配達)
upcoming	形 やがて起こる、来たるべき、近く公開の(≒forthcoming)
raise	動 ①〜を増やす、高める(⇔reduce)　②〈金〉を集める、調達する 名 値上げ
expense	名 ①[expensesで](必要)経費　②費用、出費
convention	名 ①大会、総会(≒conference)　②慣習、因習(≒custom) 形 conventional(慣例的な、伝統的な)
exhibit	動 ①〜を示す　②〜を展示する 名 ①展覧会、展示会(≒exhibition)　②展示品 ☞発音注意 [動 ɪɡzíbɪt　名 éɡzɪbɪt]

プラチナセンテンス

MP3 ▶ 46

323 Our next fund-raising event will take place on Sunday, May 24.
次回の募金活動のイベントは5月24日、日曜日に開催されます。

324 You can also deliver your application in person to our office during business hours.
申請書は、業務時間内に直接オフィスまでお持ちいただくこともできます。

325 He intends to run for governor in the upcoming election.
彼は次回の知事選に出馬する意向だ。

326 The campaign aims to raise public awareness for recycling.
そのキャンペーンはリサイクルに対する社会の認識を高めることを目的としている。

327 We need to find ways to reduce expenses and increase productivity.
私たちは経費を削減して生産性を向上させる方法を見つける必要がある。

328 The association holds its annual convention on the second Saturday of March every year.
その協会は毎年3月の第2土曜日に年次総会を行う。

329 The film festival provides an opportunity for young filmmakers to exhibit their talents.
その映画祭は、若手監督がその才能を示す場となっている。

instead	副 その代わりに
promotion	名 ①昇進 ②販売促進 動 promote(〜を促進する)　形 promotional(昇進の、販売促進の)
condition	名 ①状況、状態 ②条件 形 conditional(条件つきの)　副 conditionally(条件つきで)
have yet to do	熟 まだ〜していない
agency	名 ①(行政上の)機関、局 ②代理店 関 agent(代理人)
receipt	名 ①受け取り、受領 ②レシート、領収書 ☞ つづりに注意。
direct	動 ①〜を(…に)向ける、〈電話〉をつなぐ ②〜を指導する 形 直接の、直通の 副 directly(直接に)　名 direction(方向)

プラチナセンテンス

MP3 ▶ 47

330 He originally wanted to be a sculptor, but decided to take over his father's company instead.
彼はもともと彫刻家になりたかったが、代わりに父親の会社を継ぐことにした。

331 She received a promotion to sales director last year.
彼女は昨年、営業部長に昇進した。

332 We make every effort to ensure your goods arrive in perfect condition.
ご注文品が完全な状態で到着するようにあらゆる努力をいたします。

333 The government has yet to release any details of the new scheme.
政府は新たな計画の詳細についてまだ何も発表していない。

334 She has worked for an employment agency for five years.
彼女は5年前から職業安定所で働いている。

335 Your order will be dispatched within 24 hours on receipt of payment.
ご注文品は、支払いを受理したあと24時間以内に発送されます。

336 Please direct any questions or comments to the following e-mail address.
ご質問、ご意見などがございましたら次のメールアドレスまでお願いします。

handle	動 ①〈問題など〉を処理する(≒deal with)　②〈機械など〉を扱う 名 取っ手 名 handling(取扱い)
expand	動 (〜を)拡張する 名 expansion(拡大)
directly	副 ①すぐに　②直接に 動 direct(〜を向ける)
previous	形 以前の、前の 副 previously(以前に)
in addition to	熟 〜に加えて 関 in addition　関 additionally(さらに、加えて)
participate	動 参加する、関係する ☞〈participate in〉(〜に参加する)の形で覚えておきましょう。
registration	名 登録 動 register((〜を)登録する)

プラチナセンテンス

MP3 ▶ 48

337 The city council later admitted that it had not handled the matter properly.
市議会はその問題に適切に対処しなかったことをのちに認めた。

338 The company is eager to expand its business into overseas markets.
その会社は海外市場へ事業を拡大させたいと思っている。

339 The opening ceremony will be followed directly by a keynote lecture.
開会式のあと、すぐに基調講演が行われます。

340 Applicants must have previous experience in the travel industry.
応募者は以前に旅行業界で働いた経験がある必要があります。

341 In addition to being a doctor, she is qualified as a lawyer.
彼女は医師であるばかりでなく、弁護士の資格も持っている。

342 The minimum age to participate in this event is 13 years old.
このイベントに参加できる最低年齢は13歳です。

343 To sign up to attend the seminar, please complete the registration form provided.
セミナーへの参加申し込みは、指定の登録用紙にご記入ください。

advantage	名 利点、強み、長所（⇔disadvantage） 形 advantageous（有利な、有益な）
institute	動〈制度・慣習など〉を設ける、制定する 名 協会、機関
maintain	動 ①～を保守する　②～を維持する、継続する 名 maintenance（メンテナンス、維持）
strategy	名 戦略、ストラテジー 形 strategic（戦略の、戦略的な）　副 strategically（戦略的に）
replacement	名 ①交換、取り換え　②交換品、代替品 動 replace（～を取り換える）
ensure	動 ～を確実にする、保証する ☞ 直後に人を目的語にとらないことを覚えておきましょう。
standard	名 基準、標準 形 標準の、普通の（≒usual、normal） 動 standardize（～を規格化する、標準化する）

プラチナセンテンス

344 An electric vehicle has several advantages over a conventional vehicle.
電気自動車は従来の車と比べていくつかの点で優れている。

345 The government has recently instituted a new educational policy.
政府は最近、新しい教育政策を策定した。

346 His car is regularly maintained and kept in good condition.
彼の車は定期的にメンテナンスされ、よい状態に保たれている。

347 The brand is planning to expand its advertising strategy internationally.
そのブランドは広告戦略を国際的に展開する計画だ。

348 If you receive a damaged item, we are able to offer you a refund or replacement.
到着した商品が破損していた場合、代金の払い戻しまたは商品の交換をいたします。

349 This training is designed to ensure that employees have the latest computer skills.
この研修は、従業員が最新のコンピュータスキルを確実に習得することを目的としている。

350 That laboratory's safety standards have improved significantly in recent years.
その研究所の安全基準はこの数年で大幅に改善されている。

a variety of	熟 さまざまな〜
division	名 部、局、課
inquire	動 (〜について)問い合わせる
guarantee	動 〈商品など〉を保証する 名 保証(書) (≒warranty) ☞ アクセント注意 [gèrəntíː]
direction	名 ①指揮、管理　②指示、使用法　③方向 動 direct(〜を指導する)
remind	動 〜に気づかせる、思い出させる、念を押す ☞ 〈remind A of B〉(AにBを思い出させる)の形も覚えておきましょう。
donation	名 寄付 ☞ 例 food donation(食料の寄付)　動 donate(〜を寄付する)

プラチナセンテンス

MP3 ▶ 50

351 The city boasts a variety of architectural styles from different periods.
その都市では、異なる時代のさまざまな建築様式を見ることができる。

352 The newspaper is a division of ABC Holdings.
その新聞社はABCホールディングスの傘下の事業会社だ。

353 Thank you for inquiring about our products and services.
当社の製品およびサービスについてお問い合わせいただきありがとうございます。

354 The manufacturer guarantees its customers total satisfaction with its cosmetic products.
その会社は、自社の化粧品に顧客が完全に満足することを保証している。

355 The manufacturing division increased its productivity under the direction of the manager.
製造部では、部長の指揮のもと、生産性を向上させた。

356 The professor reminded his students to switch off their mobile phones in the classroom.
教授は、授業中は携帯電話の電源を切るよう学生に念を押した。

357 We would like to thank everyone for their kind donations and support.
皆様の温かいご寄付とご助力に感謝申し上げます。

admission	名 ①入場(許可)、入会 ②入場料 動 admit(～の入場を許可する)
highly	副 ①(評価などが)高く、好意的に ②非常に、大いに 形 high(高い)
provided that	熟 もし～ならば、～という条件で
complaint	名 苦情、不平、不満 動 complain(苦情を言う)
various	形 さまざまな、種々の 名 variety(多様さ) 動 vary(変わる)
attract	動 ～を引きつける、魅了する(⇔distract) 形 attractive(魅力的な) 名 attraction(魅力、呼び物)
discussion	名 ディスカッション、議論、話し合い 動 discuss(～について話し合う、議論する)

プラチナセンテンス

358 Admission to the museum is free for all visitors, except for special exhibitions.
特別展を除いて、美術館にはすべての方が無料で入場できます。

359 The restaurant is highly rated for its superior food and service.
そのレストランは素晴らしい料理とサービスで高く評価されている。

360 You will receive a course completion certificate provided that you have met the criteria.
基準を満たしている場合には、コース修了証が授与されます。

361 The food company received numerous complaints about its new product.
その食品会社は新製品に関して非常に多くの苦情を受けた。

362 They discussed various ways to resolve customers' complaints.
彼らは顧客の苦情を解決するためのさまざまな方法を話し合った。

363 The government is now developing plans to attract more foreign tourists to the country.
政府は現在、より多くの外国人観光客を誘致するための計画を策定している。

364 The manager led the discussion on improving information security.
マネージャーは情報セキュリティの強化に関する議論を主導した。

upgrade	名 性能の向上、アップグレード 動 ①〜をアップグレードする ②〜の性能を高める、〜を向上させる
remove	動 〜を取り除く、取りはずす 名 removal（除去、撤去）
especially	副 特別に、とりわけ（≒particularly）
retirement	名 ①（定年）退職 ②退職後の人生 動 retire（退職する） 関 retiree（退職者）
responsible	形 責任がある ☞ 〈be responsible for〉（〜の責任を負う）の形で覚えておきましょう。 名 responsibility（責任）
in fact	熟 実際に(は)、事実上は、実は
search	動 (〜を)探す 名 捜索、追求、調査 ☞ 例 search for（〜を探す、〜の捜索）

プラチナセンテンス

MP3 ▶ 52

365 The upgrade of the facility is expected to take five weeks to complete.
施設の改良が完了するには5週間かかる予定だ。

366 We need to remove unnecessary costs from the project's budget.
そのプロジェクトの予算から不要なコストを除く必要がある。

367 The movie was a huge success, especially considering that it was his first movie.
その映画は、特に彼の初監督作品であることを考えると、大きな成功を収めた。

368 The company has announced the retirement of its founder.
その会社は創業者の引退を発表した。

369 She is responsible for setting the sales and marketing strategy.
彼女は販売およびマーケティング戦略を策定する責任がある。

370 The food service industry is enjoying a boom; in fact, more and more people prefer eating out.
外食産業は景気がいい。実際、外食を好む人が増えてきている。

371 They are searching for an experienced laboratory technician to join the team.
その会社では、彼らとともに働く経験豊かな検査技師を探している。

inquiry	名 問い合わせ、質問(≒query) 動 inquire(尋ねる)
function	名 機能、働き、職務(≒work) 動 ①作動する、働く(≒work) ②機能を果たす ☞例 function room(大会会場)　形 functional(作動できる、機能を果たせる)
relocate	動 移転する、〜を移転させる 名 relocation(移転)
determine	動 〜を決定する、判断する 名 determination(決定)
consult	動 ①(〜に)相談する　②〜に意見を求める　③〜を調べる 名 consultation(相談)　名 consulting(コンサルタント業) 関 consultant(相談役、コンサルタント)
orientation	名 オリエンテーション、適応指導
accommodation	名 宿泊設備 動 accommodate(〜を収容できる)　形 accommodating(好意的な、親切な)

プラチナセンテンス

MP3 ▶ 53

372 Thank you for your inquiry regarding our internship program.
当社のインターンシッププログラムに関してお問い合わせいただきありがとうございます。

373 She is responsible for the administrative functions of the office.
彼女は会社で総務業務を担当している。

374 Our clinic will be relocating to Queen Street at the end of next month.
当クリニックは来月末にQueen通りに移転する予定です。

375 The purpose of this test is to determine if the system is working correctly.
このテストの目的は、システムが適切に動作しているかどうかを判断することだ。

376 If symptoms persist for more than five days, consult a physician.
6日以上症状が続く場合は、医師に相談してください。

377 Many companies provide an orientation to acquaint new employees with the company.
多くの会社で、新入社員が会社についての知識を深めるためにオリエンテーションを行っている。

378 He is looking for short-term accommodations within walking distance of the city center.
彼は、市の中心部から歩いて行ける範囲にある、短期間の宿泊施設を探している。

attendee
名 出席者
動 attend（〜に出席する）　関 attendance（出席、出席数、出席者）

along with
熟 〜と並んで、〜とともに

approval
名 承認、認可
動 approve（〜を承認する、認可する）

reliable
形 頼りになる、信頼できる（⇔ unreliable）
名 reliability（信頼性）　副 reliably（確実に）　動 rely（頼る）

プラチナセンテンス　MP3 ▶ 54

379 The reception gives an opportunity to meet your fellow conference attendees.
そのレセプションは、ほかの会議出席者と知り合うためのよい機会だ。

380 To apply for these positions, please submit your résumé along with a cover letter.
これらの職種に応募される方は、履歴書をカバーレターとともにお送りください。

381 The company failed to win city council approval for its factory expansion plan.
その会社は、工場拡張計画について市議会の承認を得ることができなかった。

382 The bus company has built a reputation for reliable and punctual service.
そのバス会社は、信頼できる正確なサービスで定評がある。

章末チェック

1.
The number of overseas tourists visiting the country has been -------- increasing over the years.
(A) exactly
(B) steadily
(C) closely
(D) lately

2.
Mr. Collins expressed -------- about rising fuel costs, which are cutting into profits.
(A) addition
(B) importance
(C) material
(D) concern

3.
-------- inexpensive, today's computers are fast enough for the needs of most consumers.
(A) Nevertheless
(B) However
(C) Anyway
(D) Yet

4.
We are now offering new subscribers a 15% discount on the first year subscription for a -------- time only.
(A) narrow
(B) low
(C) limited
(D) current

5.
In an effort to be environmentally responsible, the company has made it a high -------- to reduce energy consumption.
(A) force
(B) basis
(C) relevance
(D) priority

Ⓐ Ⓑ Ⓒ Ⓓ

6.
The company will -------- hire 100 additional workers to cope with this summer's demand.
(A) suddenly
(B) randomly
(C) extremely
(D) temporarily

Ⓐ Ⓑ Ⓒ Ⓓ

7.
We hope you are satisfied with our products, and look -------- to doing more business with you in the future.
(A) only
(B) before
(C) forward
(D) around

Ⓐ Ⓑ Ⓒ Ⓓ

8.
She tried to work out the technical problems by -------- rather than ask someone to help.
(A) she
(B) her
(C) hers
(D) herself

Ⓐ Ⓑ Ⓒ Ⓓ

9.
The art museum has extended its open hours to make it more -------- to the public.
(A) accessible
(B) educated
(C) capable
(D) occupied

10.
The newly built road will -------- an alternative route to bypass the congested area.
(A) provide
(B) attend
(C) assess
(D) serve

11.
The company will -------- a press release regarding its financial results for the second quarter tomorrow.
(A) speak
(B) act
(C) issue
(D) waive

12.
The aggressive advertising campaign led to a significant -------- in sales during this quarter.
(A) increase
(B) consumption
(C) reservation
(D) market

13.
As people are becoming increasingly health conscious, the -------- for fitness experts is growing.
(A) structure
(B) denial
(C) demand
(D) vision

14.
We are planning to accelerate production -------- the increasing demand for our products.
(A) as much as
(B) due to
(C) because
(D) in case

15.
The hotel offers breathtaking views of the mountains -------- a friendly atmosphere and convenient access to the tourist attractions.
(A) as well as
(B) while
(C) on behalf of
(D) in the event of

16.
The city council voted unanimously to -------- the contract with Volver Services, Inc., for recycling services for a further one-year period.
(A) invite
(B) renew
(C) compare
(D) aid

17.
Many farmers in the area are -------- to replace chemical fertilizers with organic ones.
(A) applying
(B) supporting
(C) combining
(D) choosing

18.
The original model was -------- ready for production when a fundamental flaw in the design was discovered.
(A) durably
(B) nearly
(C) respectively
(D) lately

19.
All our items will become -------- for purchase on our Web site next month.
(A) effective
(B) additional
(C) frequent
(D) available

20.
Selected applicants will be notified of the next step in the process -------- two weeks after the interviews.
(A) no later than
(B) now that
(C) in advance
(D) instead of

21.
-------- increase its market share, the company is developing new marketing strategies.
(A) On behalf of
(B) With regard to
(C) In order to
(D) In response to

22.
We had expected that our products would be more popular among women than men, but our survey results suggest --------.
(A) after all
(B) in fact
(C) otherwise
(D) frequently

23.
Dr. Kim was -------- to the international conference on sports medicine as the keynote speaker.
(A) invited
(B) stated
(C) judged
(D) produced

24.
The board of directors will -------- all possible measures that could be taken to improve the company's performance.
(A) inquire
(B) examine
(C) stare
(D) challenge

解答解説

1.
The number of overseas tourists visiting the country has been -------- increasing over the years.

(A) exactly
(B) steadily
(C) closely
(D) lately

解説 選択肢には副詞が並んでいます。文の主語は The number of overseas tourists visiting the country（その国を訪れる海外からの観光客の数）で、動詞は has been increasing（増え続けている）。文末には over the years（ここ何年にもわたって）という修飾語句があります。空欄に入るのは動詞を修飾する副詞です。文意から「着実に」を意味する (B) steadily が正解であるとわかります。

(A) exactly「正確に」、(C) closely「密接に」、(D) lately「最近」

訳 その国を訪れる海外からの観光客の数はここ何年も着実に増加を続けている。

正解 (B)

2.
Mr. Collins expressed -------- about rising fuel costs, which are cutting into profits.

(A) addition
(B) importance
(C) material
(D) concern

解説 選択肢には名詞が並んでいます。空欄には文の動詞 expressed（〜を表明した）の目的語が入ると考えられます。空欄の後ろにある about rising fuel costs（上昇している燃料費について）は空欄に入る名詞を修飾しています。カンマ以降は costs を先行詞とする関係代名詞節です。文意から空欄には「懸念」を意味する (D) concern を入れるのが適切です。

(A) addition「加入したもの」、(B) importance「重要性」、(C) material「資料」

訳 Collins 氏は、利益を圧迫しつつある燃料費の高騰について懸念を示した。

正解 (D)

3.

-------- inexpensive, today's computers are fast enough for the needs of most consumers.

(A) Nevertheless
(B) However
(C) Anyway
(D) Yet

解説 選択肢には副詞が並んでいます。文の主語はtoday's computers（最近のコンピュータ）、動詞はareです。補語である形容詞fastの後ろはfastを修飾する副詞句で「大部分の消費者の用途には十分なほど」という意味です。カンマ以降は完全な文になっているので、その前の空欄と形容詞inexpensiveは節か修飾句を作っていると考えられます。ここでは、「どんなに〜でも」という譲歩を表す節を導く副詞である(B) Howeverを空欄に入れ、inexpensiveの後ろにthey may beが省略されていると考えれば、「どんなに安くても」という意味になり、文意も通ります。
(A) nevertheless「それにもかかわらず」、(C) anyway「とにかく」、(D) yet「まだ」

訳 どんなに安いものでも、最近のコンピュータは大半の消費者の用途には十分な処理速度だ。

正解 (B)

4.

We are now offering new subscribers a 15% discount on the first year subscription for a -------- time only.

(A) narrow
(B) low
(C) limited
(D) current

解説 選択肢には形容詞が並んでいます。英文は「われわれは現在、新規購読者に初回1年分の購読料15％引きを提供している」と始まり、その後ろのfor a -------- time onlyは修飾語句であると考えられます。選択肢に並んだ形容詞のうち(C) limitedを入れると「限られた時間の間だけ」となり、「提供している」を修飾していると考えると文意が通ります。正解は(C)です。
(A) narrow「狭い」、(B) low「低い」、(D) current「現在の」

訳 われわれは現在、期間限定で新規購読者の初回1年分の購読料を15％引きにしている。

正解 (C)

5.

In an effort to be environmentally responsible, the company has made it a high -------- to reduce energy consumption.

(A) force

(B) basis

(C) relevance

(D) priority

解説 選択肢には名詞が並んでいます。英文は「環境への配慮の一環として」という意味の修飾句で始まっています。文の主語は the company、動詞は has made です。made の後ろの it は has made の間接目的語、空欄に入る語は直接目的語であると考えられます。間接目的語 it は形式目的語で、空欄の後ろの不定詞 to reduce energy consumption「エネルギー消費を削減すること」を指しています。文意から考えて、「優先事項」を意味する (D) priority が正解となります。
(A) force「力」、(B) basis「基盤」、(C) relevance「関連性」

訳 環境への配慮の一環として、その会社はエネルギー消費の削減を最優先事項の一つとしてきた。

正解 (D)

6.

The company will -------- hire 100 additional workers to cope with this summer's demand.

(A) suddenly

(B) randomly

(C) extremely

(D) temporarily

解説 選択肢には -ly で終わる副詞が並んでいます。文の主語は The company、動詞は will hire（〜を雇う）です。cope with は「〜に（うまく）対処する」という意味で、ここでは目的を表す不定詞句の形で使われています。空欄を除いた英文の意味は「夏の需要に対処するために 100 人追加の従業員を雇う」となるので、文意にふさわしい正解は「一時的に」を意味する (D) temporarily となります。
(A) suddenly「突然」、(B) randomly「無作為に」、(C) extremely「極端に」

訳 その会社はこの夏の需要に対処するために一時的に従業員を 100 人増員する。

正解 (D)

7.

We hope you are satisfied with our products, and look -------- to doing more business with you in the future.

(A) only
(B) before
(C) forward
(D) around

解説 選択肢には副詞が並んでいます。一方、英文は2つの文からできており、文の主語はいずれもWeです。カンマまでは「あなたがわれわれの製品に満足しているとよいと思う」という意味。and以降が2つ目の文です。前置詞toの後ろは「あなたと将来さらに取引すること」という意味の動名詞句です。空欄には(C) forwardを入れ、look forward to doing（〜するのを楽しみに待つ）という成句にすると文意が通ります。
(A) only「ただ〜だけ」、(B) before「以前」、(D) around「ぐるりと」

訳 弊社製品にご満足いただけましたでしょうか。今後ともお引き立ていただければ幸いです。

正解 (C)

8.

She tried to work out the technical problems by -------- rather than ask someone to help.

(A) she
(B) her
(C) hers
(D) herself

解説 選択肢には3人称単数の人称代名詞sheの変化形が並んでおり、空欄の直前の前置詞byとカタマリを作ると考えられます。このカタマリを除くと英文は「彼女はその技術的問題を他人に助けを求めず解決しようとした」となります。ここではby oneself（自力で）の形になるように(D) herselfを空欄に入れると文意が通ります。
(A) she「彼女は」、(B) her「彼女の[を]」、(C) hers「彼女のもの」

訳 彼女はその技術的問題を他人に助けを求めず自力で解決しようとした。

正解 (D)

9.

The art museum has extended its open hours to make it more -------- to the public.

(A) accessible
(B) educated
(C) capable
(D) occupied

解説 選択肢には形容詞と動詞の過去分詞が並んでいます。一方、英文はThe art museum has extended its open hours（その美術館は開館時間を延長した）と始まっています。不定詞to makeはここでは目的を表し、it（= the art museum）を目的語としています。空欄に入る語はitを説明する目的格補語になります。文意から「出入りできる」という意味の(A) accessibleが正解となります。accessible toは「(人が) 接近できる、出入りできる」という意味です。
(B) educated「教育を受けた」、(C) capable「〜する能力がある」、(D) occupied「占有された」

訳 その美術館はより多くの人が来館できるように開館時間を延長した。

正解 (A)

10.

The newly built road will -------- an alternative route to bypass the congested area.

(A) provide
(B) attend
(C) assess
(D) serve

解説 選択肢には動詞が並んでいます。文の主語はThe newly built road（新しく建設された道路）で、空欄に入る語はその前にある助動詞willとともに文の動詞になると考えられます。空欄の後ろは動詞の目的語で、「混雑した地域を迂回するもう一つの経路」という意味です。「〜を提供する」という意味の(A) provideが空欄に入れば文意が通ります。
(B) attend「〜に出席する」、(C) assess「〜を評価する」、(D) serve「〜を務める」

訳 新しく建設された道路は混雑した地域を迂回するもう一つの経路となる。

正解 (A)

11.

The company will -------- a press release regarding its financial results for the second quarter tomorrow.

(A) speak
(B) act
(C) issue
(D) waive

解説 選択肢には動詞が並んでいます。文の主語はThe company（会社）、空欄に入る語はwillとともに文の動詞となるとわかります。空欄の直後のa press release（報道発表）は動詞の目的語で、選択肢に並んだ動詞のうちa press releaseを目的語とする語としてふさわしいものは「～を出す」を意味する(C) issueです。
(A) speak「話す」、(B) act「行動する」、(D) waive「～を放棄する」

訳 その会社は明日、第2四半期の決算に関する報道発表を行う。

正解 (C)

12.

The aggressive advertising campaign led to a significant -------- in sales during this quarter.

(A) increase
(B) consumption
(C) reservation
(D) market

解説 選択肢には名詞が並んでいます。文の主語はThe aggressive advertising campaign（積極的な広告キャンペーン）、動詞はlead（つながる）の過去形ledです。空欄の前にある形容詞significant（著しい）と、後ろにあるin sales during this quarter（今四半期中の売上）が空欄に入る名詞を修飾しています。文意から正解は「増加」を意味する(A) increaseとなります。
(B) consumption「消費」、(C) reservation「予約」、(D) market「市場」

訳 積極的な広告キャンペーンが今四半期中の大幅な売上増加につながった。

正解 (A)

13.
As people are becoming increasingly health conscious, the -------- for fitness experts is growing.
(A) structure
(B) denial
(C) demand
(D) vision

解説 選択肢には名詞が並んでいます。英文は接続詞 As に導かれた「人々がますます健康志向になるにつれ」という意味の節から始まっています。文の動詞は文末の is growing です。空欄の直前に冠詞 the があり、空欄の後ろに for fitness experts というカタマリがあることから、空欄に入る語は文の主語であると考えられます。文意から正解は「需要」を意味する (C) demand となります。この単語は demand for（～の需要）の形でよく出題されます。
(A) structure「建造物」、(B) denial「拒否」、(D) vision「未来像」

訳 人々がますます健康志向になるにつれ、フィットネス専門家の需要が増えている。
正解 (C)

14.
We are planning to accelerate production -------- the increasing demand for our products.
(A) as much as
(B) due to
(C) because
(D) in case

解説 選択肢には接続詞や前置詞として働く語句が並んでいます。一方、英文を見ると、空欄の前には We を主語、are planning を動詞として「われわれは生産の加速を計画している」という文があります。空欄の後ろには「われわれの製品に対する増えつつある需要」という名詞句があります。需要の増加は生産の加速を計画している理由であると考えられます。したがって、この2つをつなぐのにふさわしいのは「～のために、～が原因で」を意味する群前置詞の (B) due to です。
(A) as much as「～と同じくらい」、(C) because「なぜなら」、(D) in case「もし～の場合には」

訳 われわれの製品に対する需要が高まっているため、生産の加速を計画している。
正解 (B)

15.

The hotel offers breathtaking views of the mountains -------- a friendly atmosphere and convenient access to the tourist attractions.

(A) as well as
(B) while
(C) on behalf of
(D) in the event of

解説 この問題でも、選択肢には接続詞や前置詞として働く語句が並んでいます。空欄の前までは「そのホテルは息をのむような山々の眺めを提供する」という意味。空欄の後ろには「温かい雰囲気」と「観光スポットへの便利なアクセス」という意味の2つの名詞句があります。空欄以降には動詞が見当たらないので、空欄の前後をつなぐものとしては(B) while以外が考えられますが、文意から「～だけでなく」という意味の(A) as well asが正解となります。
(B) while「～する間に」、(C) on behalf of「～の代わりに」、(D) in the event of「～の場合には」

訳 そのホテルは温かい雰囲気と観光スポットへのアクセスのよさだけでなく、息をのむような山々の眺めを楽しむことができる。

正解 (A)

16.

The city council voted unanimously to -------- the contract with Volver Services, Inc., for recycling services for a further one-year period.

(A) invite
(B) renew
(C) compare
(D) aid

解説 選択肢には動詞が並んでいます。文の主語はThe city council（市議会）、動詞はvoted（～を票決した）です。空欄の後ろのthe contract（契約）は空欄に入る動詞の目的語と考えられます。contract以降は文末までcontractを修飾する修飾句が続いています。文意から考えて空欄に入る動詞として適切なものは、「～を更新する」という意味の(B) renewです。
(A) invite「～を招待する」、(C) compare「～を比較する」、(D) aid「～を援助する」

訳 市議会は全会一致でVolver Services社とのリサイクル事業に関する契約をもう1年間更新することに決めた。

正解 (B)

17.
Many farmers in the area are -------- to replace chemical fertilizers with organic ones.

(A) applying
(B) supporting
(C) combining
(D) choosing

解説 選択肢には動詞のing形が並んでいます。英文の主語はMany farmers。空欄の前にはbe動詞areがあり、空欄に入る語と合わせた2語で現在進行形を作って文の動詞となることがわかります。空欄の後ろには動詞replace（～を置き換える）の不定詞があり、「化学肥料を有機肥料で置き換える（こと）」という不定詞句を作っています。この不定詞句を動詞の目的語と考え、空欄にchoose（～を選ぶ）のing形である(D) choosingを入れると文意が通ります。また、(A)、(B)、(C)はいずれも不定詞を目的語にとらないことからも(D)が正解であることがわかります。
(A) apply「申し込む」、(B) support「～を支援する」、(C) combine「～を組み合わせる」

訳 その地域の多くの農家が化学肥料を有機肥料に換えることを選んでいる。

正解 (D)

18.
The original model was -------- ready for production when a fundamental flaw in the design was discovered.

(A) durably
(B) nearly
(C) respectively
(D) lately

解説 選択肢には-lyで終わる副詞が並んでいます。文の主語はThe original model（最初のモデル）、動詞はwas。形容詞readyは補語で、ready for productionは「生産の準備ができた」という意味です。後半にある接続詞whenに導かれた節中の文は主語がa fundamental flaw（根本的な欠陥）、動詞がwas discovered（発見された）です。選択肢は補語の形容詞readyを修飾すると考えられます。文意から空欄に入れるのに適切な語は「ほとんど」を意味する(B) nearlyであるとわかります。
(A) durably「丈夫に」、(C) respectively「それぞれ」、(D) lately「最近」

訳 最初のモデルは、生産の準備がほとんど整ったところで、設計に根本的な欠陥が見つかった。

正解 (B)

19.

All our items will become -------- for purchase on our Web site next month.

(A) effective
(B) additional
(C) frequent
(D) available

解説 選択肢はすべて形容詞。文の主語はAll our items（すべての商品）、動詞はwill become（〜になる）です。空欄に入る形容詞は補語になることがわかります。空欄の後ろには、形容詞を修飾するfor purchase on our Web siteと動詞を修飾するnext monthがあります。空欄には(D) available（入手できる）を入れると文意が通ります。available for purchaseは「購入できる」という意味でよく使われます。
(A) effective「効果的な」、(B) additional「追加の」、(C) frequent「頻繁な」

訳 来月から私どもの商品はすべて当社のウェブサイトでご購入いただけるようになります。

正解 (D)

20.

Selected applicants will be notified of the next step in the process -------- two weeks after the interviews.

(A) no later than
(B) now that
(C) in advance
(D) instead of

解説 選択肢には接続詞や前置詞として働く語句が並んでいます。文の主語はSelected applicants（選考を通過した応募者）、動詞はwill be notified（通知される）で、空欄の前までで「選考を通過した応募者には、次の選考段階について通知がある」という意味です。空欄の後ろにはtwo weeks after the interviews（面接後2週間）というカタマリがあります。選択肢に並んだ語句のうち、この2つをつなぐのにふさわしいものは、「遅くとも〜までに」を意味する(A) no later thanです。
(B) now that「今や〜だから」、(C) in advance「事前に」、(D) instead of「〜の代わりに」

訳 選考を通過した応募者には、遅くとも面接の2週間後までに、次の選考段階について通知がある。

正解 (A)

21.

-------- increase its market share, the company is developing new marketing strategies.

(A) On behalf of　　　(B) With regard to
(C) In order to　　　(D) In response to

解説　選択肢は群前置詞と熟語 in order to do の一部。英文のカンマの後ろには「その会社は新しいマーケティング戦略を練っている」という意味の完全な文があります。空欄の直後には動詞 increase（〜を増やす）とその目的語 its market share（その市場占有率）があり、(C) を入れると「市場占有率を拡大するために」という目的を表す修飾句となって意味が通ります。(A)、(B)、(D) はいずれも群前置詞で動詞を目的語にすることはできません。正解は (C) In order to です。
(A) on behalf of「〜の代わりに」、(B) with regard to「〜に関して」、(D) in response to「〜に答えて」

訳　市場占有率を拡大するために、その会社は新しいマーケティング戦略を練っている。

正解　(C)

22.

We had expected that our products would be more popular among women than men, but our survey results suggest --------.

(A) after all　　　(B) in fact
(C) otherwise　　　(D) frequently

解説　選択肢は副詞（句）です。英文は接続詞 but（しかし）でつながれた 2 つの節からできており、1 つ目の節は「われわれの製品は男性よりも女性に人気が出ると考えていた」という意味です。2 つ目の節は「われわれの調査結果は示唆している」とあって、その後ろが空欄になっています。ここでは「違ったふうに」という意味の (C) otherwise を入れると文意が通ります。suggest は他動詞なので空欄には目的語が入ると考えられますが、この otherwise は「そうではないということ」という that 節に当たる役割も果たしています。
(A) after all「結局」、(B) in fact「実際に（は）」、(D) frequently「頻繁に」

訳　われわれの製品は男性よりも女性に人気が出ると考えていたが、調査の結果はそうならない可能性を示している。

正解　(C)

23.
Dr. Kim was -------- to the international conference on sports medicine as the keynote speaker.

(A) invited
(B) stated
(C) judged
(D) produced

解説 空欄の直前にbe動詞wasがあることから、選択肢に並んでいるのは動詞の過去分詞で、英文は受動態であることがわかります。空欄の後ろにはto the international conference on sports medicine（スポーツ医学に関する国際会議に）とas the keynote speaker（基調講演者として）という2つのカタマリがあります。空欄にinvite（～を招待する）の過去分詞(A) invitedを入れると意味が通るので、正解は(A)です。
(B) state「～を述べる」、(C) judge「～を審査する」、(D) produce「～を製造する」

訳 Kim博士はスポーツ医学に関する国際会議に基調講演者として招かれた。

正解 (A)

24.
The board of directors will -------- all possible measures that could be taken to improve the company's performance.

(A) inquire
(B) examine
(C) stare
(D) challenge

解説 選択肢には動詞が並んでいます。文の主語はThe board of directors（取締役会）で、空欄に入る語は直前の助動詞willとともに文の動詞となります。空欄の後ろには動詞の目的語all possible measures（すべての実行可能な対策）があり、that以降はmeasuresを先行詞とする関係代名詞節で「会社の業績改善のためにとり得る（対策）」という意味です。文意から「～を検討する」を意味する(B) examineが正解となります。
(A) inquire「（～について）問い合わせる」、(C) stare「凝視する」、(D) challenge「～に挑む」

訳 取締役会は会社の業績改善のためにとり得るあらゆる対策を検討する。

正解 (B)

監修者紹介

濵﨑潤之輔（はまさき じゅんのすけ）

大学・企業研修講師、書籍編集者。早稲田大学政治経済学部経済学科卒業。明海大学や獨協大学、ファーストリテイリングや楽天銀行などの企業でTOEIC対策研修講師を務める。TOEIC 990点（満点）を20回以上獲得。TOEICテスト対策合宿・セミナーなども開催。著書に『TOEICテスト 一発逆転600点!』(KADOKAWA 中経出版)、『とにかく600点突破！ TOEIC TEST 大特訓』(ベレ出版)、『新TOEICテスト 990点攻略』(旺文社)、『このTOEICテスト本がすごい！』(中経出版)、共著書に『新TOEICテスト 全力特急 絶対ハイスコア』、『新TOEICテスト ドリーム特急 全パート実戦対策』(朝日新聞出版)、監修に『イラスト＆ストーリーで忘れない TOEICテスト ボキャブラリー プラチナ5000』(ジャパンタイムズ)などがある。ブログ『独学でTOEIC990点を目指す！』、Twitterアカウント:@HUMMER_TOEIC

TOEIC®テスト英文法
プラチナ講義

2014年10月20日　初版発行

監修者	濵﨑潤之輔	
	©Junnosuke Hamasaki., 2014	
編　者	ジャパンタイムズ	
	©The Japan Times, Ltd., 2014	
発行者	小笠原敏晶	
発行所	株式会社　ジャパンタイムズ	
	〒108-0023　東京都港区芝浦4丁目5番4号	
	電話　　（03）3453-2013［出版営業部］	
	振替口座　00190-6-64848	
ウェブサイト	http://bookclub.japantimes.co.jp	
印刷所	図書印刷株式会社	

本書の内容に関するお問い合わせは、上記ウェブサイトまたは郵便でお受けいたします。
定価はカバーに表示してあります。

万一、乱丁落丁のある場合は、送料を当社負担でお取り替えいたします。
ジャパンタイムズ出版営業部あてにお送りください。
Printed in Japan　　ISBN 978-4-7890-1577-6